사회 철학
자유롭고 평등한 사회는 가능한가?

민음 지식의 정원 철학편
001

사회 철학

자유롭고 평등한 사회는
가능한가?

이유선

머리말 자유롭고 평등한 사회는 가능한가? 6

1 **인간은 왜 국가를 만들었나?** 9

애국심과 국가주의는 얼마나 다른가?
국가는 괴물인가?
국가의 역할은 개인의 소유권을 지키는 것인가?
공동체를 떠나서 인간을 생각할 수 있을까?
사회 계약은 이성의 산물인가?

2 **가장 공정한 사회란 어떤 사회일까?** 33

사람은 평등하게 태어날까?
사회 정의란 무엇일까?
사회적인 약자를 어떻게 배려할 것인가?
개인의 행복을 위해서 국가는 개인의 자유를 침해해도 좋은가?

3 **마음에 드는 사회를
자유롭게 선택할 수는 없을까?** 53

행복한 삶의 기준은 있는가?
황야의 총잡이는 마을을 떠나야 하나?
스포츠 스타의 고액 연봉은 정당한가?
자유와 평등은 양립 가능한가?

4 사유 재산은 모든 악의 근원일까? 73

무엇이 인간을 구속하는가?
인간다운 삶이란?
열심히 일하는데 왜 형편이 나아지지 않을까?
사회주의는 왜 실패했을까?

5 과학 기술이 발달하면 인간은 행복해질까? 97

물질적인 풍요와 행복은 같은 것일까?
우리는 있는 그대로의 세상을 볼 수 있을까?
우리는 정말 민주주의 사회에 살고 있는가?
대화를 통해 현실을 바꿀 수 있을까?

6 철학이 세상을 바꿀 수 있을까? 119

모든 사람이 받아들일 수 있는 진리가 있을까?
바람직한 사회의 조건을 이론적으로 밝힐 수 있을까?
시인은 세상을 바꿀 수 있을까?
사회 철학자들의 이론을 어떻게 보아야 할까?

더 읽어 볼 책들 141

머리말 자유롭고 평등한 사회는 가능한가?

우리는 태어나면서부터 이미 혼자가 아니다. 우리가 어떤 삶을 살기를 원하든, 또 어떤 사람이 되기를 원하든 그것은 우리가 속해 있는 사회와 무관한 것이 될 수는 없을 것이다. 나의 삶은 오직 다른 사람들과의 관계를 통해 정해지기 때문이다. 대부분의 사람들은 자기가 하는 일이 다른 사람들에 의해서 인정을 받을 때 보람을 느낀다. 물론 예술가처럼 창조적인 작업에 몰두하는 소수의 사람들은 자기가 하는 작업이 인정받지 못한다고 해서 좌절하지 않는다. 오히려 어떤 사람들은 다른 사람들이 자신이 하는 일이나 삶의 방식을 이해하지 못하는 것에 대해 자부심과 만족감을 느끼기도 한다. 하지만 그런 사람들조차 사회적인 규범에서 완전하게 자유로울 수는 없다.

사회는 그런 규범, 즉 사람들 사이에 맺어진 약속의 체계가 없이는 존재할 수 없다. 우리는 태어나는 순간부터 그런 규범에 따라 말하고 행동하고 살아가도록 배운다. 우리가 부모님께는 착한 자식, 학교에서는 공부 잘하는 모범생, 직장에서는 능력 있는 사회인이 되어야 한다는 의무감도 사회의 규범에서 비롯된 것이다.

 사회적으로 통용되는 규범을 지키는 것은 개인의 삶을 행복하게 만드는 조건이 되기도 하지만, 타고난 능력이 부족하거나 물질적인 조건이 좋지 않아서 노력을 해도 사회적으로 인정받기 어려운 사람들에게는 규범에 따른다는 것이 삶을 힘들게 하는 원인이 될 수도 있다. 우리는 자신이 하고 싶은 일을 하지 못할 때, 또는 자신이 옳다고 생각하는 일을 하지 못할 때, 스스로 불행하다고 느낀다. 사회적 규범은 자유로운 삶을 살게 하는 조건이기도 하면서 때로는 그것을 제약하는 장애가 될 수도 있는 것이다.

 우리는 모든 사람들이 존엄한 인간으로 대우받을 권리를 가지고 있다고 말한다. 하지만 이것이 곧 모든 사람에게 능력이나 기회가 평등하게 배분되어 있다는 것은 아니다. 사람들이 자신이 하고 싶은 일을 자유롭게 하면서 살 수 있으려면 불평등한 삶의 조건들이 장해물로 여겨지지 않게끔 사회적 규범이 만들어져야 할 것이다.

 근대 시민 사회가 출현한 이후 사회 철학자들은 그런 규범을 어떻게 만들어 낼 수 있을지 고민했다. 이 책에서는 국가, 사회, 정의, 자유, 평등과 같은 개념을 둘러싸고 철학자들이 어떤 생각을 했는지 소개한다. 1장에서는 근대의 사회 계약론자인 홉스와 로크를 중심으로 국가의 기원에 대해 생각해 보고, 2장에서는 '정의론'으로 유명한 존 롤스의 관점을 소개한다. 3장에서는 완전 자유주의 혹은 자유 지상주의라고 불리는 노직의 자유에 대한 관점을, 그리고 4장에서는 인간다운 삶에 대한 마르크스의 관점을 살펴본다. 5장에서는 의사소통의 중요성과 민주주의를 관련짓는 하버마스, 그리고 6장에서는 자유와 평등을 꿈꾸는 로티의 자유주의 아이러니스트에 대한 설명을 소개한다.

어떻게 사는 것이 자유롭게 인간적인 방식으로 사는 것인지를 고민하고자 할 때 우리에게 필요한 것은 그렇지 못한 현실을 뛰어넘어 새로운 사회를 꿈꾸는 상상력이다. 만약 우리가 자유롭지 못한 이유가 우연한 환경 때문이라면, 우리는 그 환경을 바꾸어 나갈 방안이 어떤 것이 될 수 있을지 끊임없이 물어야 할 것이다. 과연 우리는 권리에 있어서 뿐만 아니라 기회에 있어서도 평등한 조건에서 살 수 있는 사회를 만들 수는 없는 것일까?

1

인간은 왜 **국가**를 만들었나?

- 애국심과 국가주의는 얼마나 다른가?
- 국가는 괴물인가?
- 국가의 역할은 개인의 소유권을 지키는 것인가?
- 공동체를 떠나서 인간을 생각할 수 있을까?
- 사회 계약은 이성의 산물인가?

애국심과 국가주의는 얼마나 다른가?

우리는 학교 교육을 통해 애국심을 갖는 것이 도덕적으로 올바른 일이라고 배운다. 특히 외세의 침략에 시달려 온 우리 민족의 역사를 공부하다 보면 '우리나라'라고 부를 수 있는 국가가 있다는 것이 얼마나 다행한 일인가 하고 생각하게 된다. 자기 나라를 사랑하는 것은 도덕적으로 올바른 일이며 여기에는 어떤 의문의 여지도 없는 것일까? 세계 여러 나라의 역사로 눈을 돌려 보면 이러한 생각이 절대적인 진리가 아닐 수도 있다는 의심이 든다. '국가'라는 이름으로 이루어진 폭력의 역사를 도처에서 발견할 수 있기 때문이다. 나치의 유대인 학살이나 세르비아 민병대의 무슬림 학살은 그 대표적인 경우라고 할 수 있다. 오늘날과 같이 세계화가 진척된 상황에서 애국심을 강조하는 것은 일상적인 맥락에서도 차별과 무시의 원인이 될 수 있다.

그렇다면 자기가 속한 공동체를 사랑하고 자부심을 갖는 것이 잘못된 일일까? 만약 어떤 사람이 자기 자신을 사랑하는 마음이 전혀 없다면 스스로의 발전을 위한 노력을 하지 않을 것이다. 국가도 마찬가지라고 생각한다면 애국심이 나쁜 것이라고 말할 수는 없다.

우리는 몇 년 전 국가적 자부심에 대해 생각할 만한 몇 가지 사건을 경험했다. 한일 월드컵과 배아 복제 연구와 관련된 사건이 그것이다. 이 두 사건은 전혀 다른 별개의 사건이지만, 사람들이 국가와 자신을 동일시하는 경험을 했다는 점에서 비슷한 의미를 갖는다. 사람들은 월드컵을 통해 우리 모두가 하나가 되었다고 말하고, 해외에 있는 교포들은 한국인이라는 사실이 자랑스럽다고 이야기했다. 한때 한국의 유전 공학 연구에 대해 비판하거나 그 경제적 효과를 의심하는 일은 곧 매국적인 행위로 간주되기도 했다. 한국이 월드컵 경기에서 승리하는 것을 기뻐하고, 한국을 대표하는 과학자가 연구 성과를 낸 것을 자랑스러워하는 것은, 나 자신과 국가를 동일시하는 것이다.

우리나라 사람들은 식민지 경험과 비극적인 전쟁에 대한

기억 때문에 강한 나라에 대한 열망이 남다르다. 때문에 나라를 위해서라면 개인적인 불편함이나 불이익도 감수해야 하고, 때로는 올바르지 못한 행위를 했어도 용서해야 한다고 생각한다.

그러나 이런 생각은 많은 문제를 안고 있다. 먼저 국가의 이익이 곧 나의 이익이라는 생각의 근거가 무엇인지 밝혀야 한다. 경우에 따라 국가의 이익은 나의 일방적인 희생 위에서 이루어질 수도 있다. 때때로 그런 희생은 숭고한 것으로 여겨지지만, 공동체를 위해서 개인이 희생되어도 좋다는 생각은 히틀러의 나치즘과 같은 위험한 국가주의를 낳을 수도 있다.

사람들은 왜 국가나 민족을 위해 희생하고자 하는 것일까? 국가는 개인적인 삶보다 더 중요한 것이며, 희생할 만한 가치가 있는 것일까? 오히려 국가가 개인을 위해서 존재해야 하는 것이 아닐까?

우리는 여기서 사람들이 왜 국가를 만들었는지 생각해 볼 필요가 있다. 우리가 현실적으로 사회를 벗어나서 살 수 없듯이, 오늘날의 국민 국가 형태를 떠난 삶의 형태를 상상하기는 힘들다. 하지만 오늘날과 같은 국민 국가가 형성된 것은 그리 오래된 일이 아니다. 국민 국가는 근대 이후에 등장했다. 우리는 이제 홉스와 로크의 사회 계약론을 살펴보는 데서 시작할 것이다. 왜냐하면 이들은 우리가 살고 있는 국민 국가의 등장을 합리적으로 설명하려고 시도한 최초의 사상가들이기 때문이다.

국가는 괴물인가?

토머스 홉스(Thomas Hobbes, 1588~1679)가 살았던 16~17세기의 유럽은 종교 전쟁과 30년 전쟁 등으로 혼란스러웠다. 홉스는 당시 영국의 의회투쟁, 시민전쟁, 왕정복고, 입헌 혁명과 같은 다양한 정치적 사건을 겪으면서 사회, 정의, 자연법[*] 등에 대한 전통적인 견해를 버리고 변화된 시대에 걸맞은 새로운 정치적 의무와 권리를 생각해 냈다.

홉스의 기본적인 생각은 인간 사회가 신의 섭리에 의해 존재하고 유지되는 것이 아니라, 각 개인의 이익과 의지에 바탕

---

[*] **자연법** 실정법에 대비되는 법 개념으로 인간 이성을 통해 발견한 자연적 정의 또는 자연적 질서를 사회 질서의 근본 원리로 생각한다. 실정법이 민족이나 사회에 따라 내용이 달라지는 데 반해, 자연법은 민족이나 사회와 시대를 초월해 영구불변하는 보편타당성을 지닌다. 고전적으로 신법(神法)과 동일시되었으나 근대에 와서 인간 이성의 우위에 입각한 합리주의, 개인주의, 급진주의의 특징을 띠게 되었다.

을 두고 성립되었다는 것이다. 홉스가 국가의 형성 과정에 대해 설명하기 이전에도 국가와 그 정당성을 설명하는 이론은 존재했다. 그렇지만 그 이론은 기껏해야 신의 뜻에 따라서 국가가 존재한다는 식이어서 별로 근거도 설득력도 없는 것이었다. 홉스는 좀 더 납득할 수 있는 설명을 원했다.

잘 알려져 있듯이 홉스는 국가를 '리바이어던'이라는 괴물에 비유했다. 리바이어던은 홉스의 주요한 저서의 제목이기도 한데, 원래는 구약 성서의 욥기에 등장하는 죽지 않고 영원히 산다는 괴물의 이름이다. 홉스는 국가를 이 괴물에 비유하여 그만큼 국가의 권력이 절대적이라고 주장했다. 절대적인 권력을 가진 전제적인 국가를 바람직한 국가라고 보았다는 점에서 홉스가 말하는 국가는 자유 민주주의 형태의 국가는 아니다. 하지만 국가가 개인의 이익과 의지에 바탕을 두고 성립된다고 보았다는 점에서 그의 국가관에서 자유 민주주의 이론의 실마리를 찾을 수 있다.

자신의 이익과 자기 보존에 관심을 가진 개인들이 어떻게 해서 절대 권력을 가진 국가를 만들어 냈을까? 홉스는 '자연 상태'라는 상황을 가정하고, 그 자연 상태에서 각 개인이 이성의 법칙이라고 할 수 있는 '자연법'에 따라서 행동함으로써 자연스럽게 절대적인 권력을 가진 국가가 탄생한다고 믿었다.

홉스가 말하는 **자연 상태**란 모든 사람이 평등한 상태로 자기 보존의 욕구와 이기적인 욕망을 억누를 만한 어떤 정치적인 힘도 존재하지 않는 상태이다. 이런 상태에서는 모든 사람이 자신의 욕심을 채우기 위해 이기적으로 행동할 것이기 때문에 같은 목적을 가진 다른 사람과 싸울 수밖에 없다. 그래서 사람들은 모두 고독하고 불행하며 야만적인 투쟁의 상태에 빠지게 된다. '만인에 대한 만인의 투쟁'이라는 말은 이렇게 해서 나오게 된다. 그런데 이런 상태에서는 누구도 행복하게 살 수 없을 뿐만 아니라 자신의 생명을 유지하는 것도 어렵기 때문에 사람들은 목숨을 부지하고 평화로운 삶을 살기 위해서는 욕망에 휘둘리기보다는 이성적으로 행동해야겠다고 생각한다. 홉스는 이런 결심이 곧 자연법에 따르고자 하는 생각이라고 보았다.

이성의 명령이라고 할 수 있는 자연법에 따라서 사람들은 투쟁 상태를 그치고 평화를 추구하는 단계로 나아간다. 그리고 다른 사람이 자신의 권리를 침해하지 않는 한, 이웃의 소유물을 침해할 권리를 기꺼이 버리게 된다. 그런데 사람들이 이렇게 자신의 욕망을 억제하고 타인을 존중함으로써 평화로운 상태를 유지하는 것이 합리적이고 이성적이라는 사실을 모두가 알고 있다고 하더라도, 만약 어떤 사람들이 여전히 약속을 어기거나 협력하려고 하지 않는다면 어떻게 될까? 아마도 심각한 혼란이 생길 것이다. 그렇게 반칙을 하는 사람들만이 이익을 볼 것이기 때문이다.

각자 열심히 일해서 생산해 낸 결과를 서로 공평하다고 생각하는 수준에서 교환하여 생계를 유지하는 상황에서 만일 어떤 힘센 사람이 무력으로 남의 생산물을 강탈하는 일이 벌어진다면, 또 그런 사람의 수가 늘어난다면, 아무도 성실히 일하지 않을 것이다. 힘이 약한 사람들은 서로 힘을 합쳐 빼앗긴 것을 되찾아 오려고 하거나 더 약한 사람들의 생산물을 강탈하려 할 것이다. 이런 무질서가 계속된다면 세상은 서로의 것을 강탈하기 위한 전쟁터가 될 것이고 아마도 모두가 공멸할 것이다. 이런 상태에서는 모든 사람들을 통제할 수 있는 막강한 힘을 가진 존재가 필요하다.

홉스는 모든 사람들이 끊임없는 전쟁의 상태에서 벗어나 평화롭게 살아가기 위해서는 약속, 계약, 법률, 도덕 등을 강제할 수 있는 강력한 권력이 필요하다고 생각했다. 이렇게 이기적인 개인들이 자신의 권력을 양도하여 형성된 절대적인 통치 권력이 **리바이어던**으로 비유되는 홉스의 국가이다. 홉스에게는 독재 권력을 행사하는 최악의 정부라 할지라도 자연 상태보다는 낫기 때문에 정당한 것이 된다. 독재자에 반대하는 것은 사람들의 생명을 보호하는 데 필요한 경우를 제외하고는 정당화될 수 없다.

그렇다고 해서 홉스가 통치 권력의 형태를 특별히 정해 놓은 것은 아니다. 통치 권력은 한 사람이 될 수도 있고, 다수로 구성된 의회가 될 수도 있고, 민주주의와 같은 정치 체제가 될 수도 있다.

지금까지 홉스의 사회 계약론에 대해 간단히 살펴보았다. 앞으로 다룰 여러 사회 철학자들의 이론도 마찬가지지만 모든 사회 철학 이론들은 당시의 시대적인 문제나 요구를 반영하고 있다. 그래서 우리는 사회 철학자들의 이론을 살펴볼 때 왜 그러한 개념이 등장했을지 생각해 보면서 그 이론이 어떤 시대적 문제를 해결하고자 했는지 따져 볼 필요가 있다.

홉스의 사회 계약론에서는 쉽게 이해하기 힘든 개념과 주장이 많이 나온다. 예를 들면 '자연 상태'라는 개념은 역사적으로 정말 존재했던 인류의 발전 단계인지, 홉스는 왜 사람들의 본성이 이기적인 동시에 이성적이라고 생각했는지, 국가가 침해할 수 없는 절대적인 권력을 갖는 것이 올바른 것인지 하는 것 등이다. 우리가 이런 질문을 던지는 것은 매우 중요하다. 이런 질문을 통해서만 여러 사회 철학자들의 고민에 좀 더 다가가고 우리 사회의 문제에 대한 비판적인 사고력을 키울 수 있기 때문이다.

이제 다시 홉스로 돌아와서 이 문제들에 대해 하나씩 생각해 보자. 먼저 홉스가 생각한 '자연 상태'라는 단어는 역사적으로 실재했던 상태가 아니라 상상한 것이다. 그리고 그런 자연 상태에 놓여 있는 사람들은 원시인들이 아니라 문명적인 욕구를 그대로 가지고 있는 사람들이다. 홉스는 왜 이런 상태를 가정하고 그것을 자연 상태라고 불렀을까? 이런 의문에 답하기 위해서는 그가 살았던 시대의 상황을 살펴보아야 한다. 홉스는 근대 시민 사회가 막 생겨나기 시작하면서 전제적인 군주 국가가 힘을 잃고 유럽 전체가 전쟁의 소용돌이에 휘말려 드는 상황을 목격했다. 그래서 그는 완전한 군주 국가가 성립되어야 전쟁의 상황에서 벗어날 수 있다고 생각했다. 홉스는 그런 혼란한 세상을 보면서 자연 상태라는 개념을 떠올렸고 그런 자연 상태에서 벗어나기 위해서는 절대적인 권력을 가지고 있는 완전한 군주 국가를 만들어야 한다고 생각한 것이다.

그런데 홉스가 생각한 자연 상태는 원시적인 상태를 말하는 것이 아니다. 이기적인 욕심을 가진 문명인들이 그러한 이기심을 억누를 사회의 모든 장치들, 즉 법이나 계약 같은 강제적인 힘을 갖는 장치들을 없애 버렸을 때 사람들이 어떻게 행동할지 예측한 것이다.*

여기서 '문명인'들은 다른 사람보다 더 잘살겠다는 욕구를 가진 사람들을 뜻한다. 사람들이 남보다 더 잘살겠다는 욕심을 가질 때 사람들 사이에는 경쟁과 불신이 생기고, 명예욕이 생겨난다. 그런데 이런 인간의 본성적인 욕구는 자연 상태에 있는 인간들의 욕구라고 하기보다는 시민 사회 혹은 자본주의 사회를 사는 사람들의 욕구라고 하는 것이 더 적합할 것이다. 왜냐하면 다른 사람보다 우월하다고 인정받고 싶어 하는 욕구는 경쟁이 일반화된 사회에서 더 자연스러운 것이기 때문이다. 홉스는 이런 욕구를 가지고 있는 사람들이 살고 있는 시민 사회에서 통치권에 대한 공포와 다른 사람에 대한 공포를 제거한 자연 상태라는 가상의 상태를 만들어 낸다. 그런데 그렇게 공포를 제거한 자연 상태는 오히려 철저하게 공포가 지배하는 전쟁 상태가 된다는 것을 보여 줌으로써 거꾸로

---

* 이런 관점은 맥퍼슨의 설명으로서, 맥퍼슨은 홉스와 로크를 근대 자본주의 사회의 등장과 관련시켜 분석하고 있다. 맥퍼슨, 황경식·강유원 옮김, 『홉스와 로크의 사회 철학』(박영사, 2002) 참조.

강력한 통치 권력이 필요함을 역설했던 것이다.

홉스가 생각한 자연 상태가 원시적인 상태가 아니라 당시에 형성되고 있던 자본주의적인 시민 사회가 모델이 된 것이라고 생각하면, 그가 왜 인간의 이기적인 욕망에서 이성적인 방식으로 정치적인 권리와 의무를 이끌어 낼 수 있다고 생각했으며, 왜 강력한 통치권이 요구된다고 생각했는지 이해할 수 있다. 모든 사람이 서로 이기적인 욕심을 채우려고 서로 싸우는 자연 상태에서는 어느 누구도 자신의 문명적인 욕망을 실현할 수 없으므로 사람들은 자신의 권리를 스스로 양도한다. 모든 사람들이 자신의 이기적인 욕망을 실현하기 위해서는 자신이 가진 권리를 양보해야 한다는 사실을 깨닫는 것이다. 이것은 자신이 남들보다 더 잘살겠다는 이기적이고 합리적인 욕망과 모두를 위해 자신의 권리를 양보해야 한다는 도덕적인 의무가 결국은 동전의 양면이라는 것을 보여 준다.

홉스가 생각하는 근대 사회는 이렇게 한편에서는 이기적인 욕망을 가지고 있으면서, 또 다른 한편에서는 자신의 권리를 양보할 수밖에 없는 인간에 의해서 성립하게 된다. 이러한 설명은 홉스가 살았던 당시의 사회적인 변화를 그대로 반영하고 있다. 당시는 봉건제 사회가 점차 근대적인 자본주의 사회로 바뀌어 가는 시대였는데, 자본주의적 시장 자체가 이와 같은 이중적인 성격을 가지고 있다. 말하자면 시장은 개인의 이기적인 욕망이 자유롭게 실현될 수 있는 장소인 동시에 개인으로 하여금 그 질서에 순응할 것을 강요하는 새로운 사회의 시스템이다.

결국 홉스는 새롭게 형성되고 있는 자본주의적인 시민 사회의 질서를 나름대로 설명하고 정당화하기 위해 자연 상태의 이기적인 개인에서 출발하는 사회 계약론을 전개했다고 볼 수 있다.

국가의 역할은 개인의 소유권을 지키는 것인가?

홉스와 비슷한 시기를 살았던 **존 로크**(John Locke, 1632~1704) 역시 사회 계약을 통해서 정치적인 권위를 정당화하려고 했다. 하지만 로크의 사회 계약론은 홉스의 입장과는 여러 가지 면에서 차이가 있다. 우선 로크의 입장을 간단히 살펴보고 로크가 왜 그런 생각을 했는지 짐작해 보자.

로크도 홉스처럼 '자연 상태'라는 단어를 사용했다. 하지만 로크의 자연 상태는 홉스와는 달리 만인에 대한 만인의 투쟁 상태가 아니다. 로크는 사람들이 자연 상태에서도 도덕 법칙을 잘 인식하고 있어서 자유롭고 평등한 관계를 유지하면서 산다고 생각했기 때문이다. 사람들이 도덕적인 판단과 행위를 할 수 있는 능력을 이렇게 자연 상태에서도 가질 수 있는 것은, 사람들이 처음부터 이성 능력을 가지고 태어나기 때문이다. 여기서 말하는 '이성 능력'이란 홉스가 말하는 자연법과 비슷한 개념으로 평등하고 독립적인 사람이면 누구나 다른 사람의 생명, 자유, 재산에 대한 권리를 침해해서는 안 된다고 생각할 수 있는 능력을 가리킨다. 이 말은 곧 모든 사람이 생명, 자유, 재산에 대한 고유한 권리를 가지고 태어난다는 뜻이기도 하다. 로크는 이런 것을 자연적으로 타고나는 권리라는 의미에서 '자연권'이라고 불렀다.

로크가 이렇게 자연 상태를 자유롭고 평등한 관계가 유지되는 상태라고 보았다면, 왜 굳이 사람들이 계약을 통해서 공통의 정치적 권위를 형성해야 한다고 생각했을까? 로크가 생각하는 자연 상태는 홉스가 생각한 만인에 대한 만인의 투쟁의 상태는 아니지만, 그렇다고 해서 이타적인 성인군자들만이 사는 상태도 아니기 때문이다. 사람들은 자연법인 이성을 통해서 모든 사람이 천부적으로 가지고 있는 자연권을 침해해서는 안 된다는 사실을 알고 있지만, 경우에 따라서는 자신에게 유리한 행동을 하게 된다. 이런 이기적인 행동은 결국 다른 사람의 권리, 특히 재산권을 침해할 우려를 낳는다. 권리를 둘러싼 분쟁이 생겼을 때 이를 해결할 공동의 정치적 권위를 만들기 위해 사람들은 약속과 합의를 통해 입법 기관과 행정 기관을 포함하는 시민 사회를 건설한다.

로크는 이렇게 자연 상태에서 계약을 통해 시민 사회로 이행해 가는 과정에서 국가의 통치 권력이 형성된다고 생각한다. 하지만 그 권력은 홉스와는 달리 그렇게 절대적인 것은 아니다. 로크는 입법부와 행정부의 분리가 중요하다고 생각했다. 행정부의 권력은 사람들이 양도한 것으로 단지 선택된 권력에 불과하기 때문에 법의 지배를 받아야 한다. 만약 통치권이 자기 마음대로 권력을 행사하여 시민들의 자연권을 침해하면 시민들은 그런 통치권에 저항할 권리를 갖는다.

홉스는 사회 계약론을 통해 새롭게 등장한 근대 부르주아 사회의 정당성을 설명하려고 했다. 로크의 사회 계약론은 거기서 좀 더 나아가 새롭게 등장한 자본주의적인 시민 사회 질서 속에서 개인적인 권리를 보장해 주는 정치적 권위를 정당화하려고 시도한 것으로 볼 수 있다.

홉스와 비교할 때 가장 주목해야 할 로크의 입장은 자연 상태나 자연법에 대한 정의가 아니라 자연권에 속하는 재산에 대한 개인의 권리이다. 로크는 사람들이 국가를 만드는 목적은 바로 재산을 보전하기 위해서라고 말한다.

그런데 자연 상태의 인간이 맨 처음에 어떻게 해서 재산을 소유하게 되는 것일까? 로크는 자연 상태에 있는 것을 인간이 노동을 통해 변형시키게 되면 그것에 대한 정당한 소유권을 주장할 수 있다고 답한다. 그런데 자연 상태에서 개인이 아무리 노동을 통해 어떤 것을 점유 혹은 소유한다고 해도 여기에는 엄격한 제한이 따른다. 첫째, 다른 사람을 위해 충분하고도 양질의 것을 남겨야 하고, 둘째, 부패시키지 않고 유용하게 쓸 수 있을 만큼만 이용해야 하며, 셋째, 자신의 노동력으로 산출할 수 있는 만큼만 가질 수 있다는 것이다. 예를 들어 들판에 있는 과일나무에 열매가 아무리 많이 열려 있다고 해도, 자기가 다 먹지도 못할 만큼의 열매를 좋은 것들로만 골라 따 가지고 온다면 다른 사람들에게 피해를 주기 때문에 정당한 소유라고 할 수 없다. 로크가 설정한 제한은 다른 사람의 자연권을 침해하지 않기 위한 불가피한 것이다.

그런데 자연 상태에서 이러한 제한은 오래 지속되지 않는다. 화폐가 도입되기 시작하면서 이 제한들이 의미가 없어지기 때문이다. 화폐의 역할을 하는 금과 은은 썩지 않기 때문에 자신이 노동을 해서 얻은 것을 금이나 은으로 바꾸어 쌓아

둔다고 해서 문제가 될 것은 없다. 중상주의자였던 로크는 이 화폐를 자본으로 이용해서 더 많은 재화를 생산해 낼 수 있다면, 다른 사람의 자연권을 침해하지 않고서도 얼마든지 더 많은 것을 소유하는 일이 정당하다고 생각했다. 또한 로크는 임금을 주고 개인의 노동력을 양도받는 것이 정당하며 그것은 자연권이라고 보았다. 이것은 곧 로크가 노동의 상품화를 통해 이루어지는 자본주의 사회의 불평등한 소유와 무제한의 점유를 정당화한 것으로 볼 수 있다.

그런데 사람들이 노동을 통해 형성한 재산을 보호하기 위해 자발적으로 시민 사회에 복종하게 된다고 할 때, 문제점이 생긴다. 재산이 전혀 없는 사람들이 시민 사회의 구성원이 되려고 노력할 필요가 있겠느냐 하는 것이다. 로크는 당시에 토지로 대표되는 재산을 갖지 못한 노동 계급을 시민 사회의 성원이라고 간주하지 않았다. 그러면서도 그는 자신의 생명과 자유를 보존하는 데 관심을 가진 모든 사람이 시민 사회의 구성원이라고 했다. 이러한 모순을 통해 로크가 자연권을 이야기할 때 그것이 생명, 자유, 재산(토지)을 의미하는지, 아니면 토지나 재화만을 의미하는지 불분명하게 생각하고 있었음을 알 수 있다. 또한 로크는 재산을 갖지 못한 노동 계급은 현실적으로 부르주아와 동등한 권리와 의무를 가질 수 없다는 사실을 제대로 인식하지 못했기 때문에 권리와 의무라는 단어가 모든 사람에게 해당되는 보편적인 단어라고 생각했다. 이것은 자본주의 사회의 문제점을 충분히 인식할 수 없었던 시대적인 한계라고 할 수도 있을 것이다.

여러 가지 한계에도 불구하고 홉스와 로크는 신의 섭리나 목적을 통해서가 아니라 합리적인 개인의 자연적이고 현실적인 욕구로부터 정치적인 권위를 이끌어 냈다. 이러한 시도는 인간이 사회를 바라보는 방식을 획기적으로 전환시킨 것이었으며, 오늘날의 자유 민주주의 체제를 가능하게 한 이론적인 근거를 제공했다는 점에서 큰 의미가 있다.

공동체를 떠나서 인간을 생각할 수 있을까?

근대의 사상가인 로크와 홉스의 사회 계약론은 오늘날의 자유주의 이론의 토대가 된다. 앞으로 다룰 롤스와 노직과 같은 현대의 자유주의 사상가들도 로크와 홉스에게서 많은 것을 이어받았다. 자유주의는 그 안에 여러 가지 입장이 있어서 한마디로 정의하기는 어렵다. 하지만 로크와 홉스를 통해 살펴보았듯이 '자유롭고 평등한 이성적 개인'이 사회를 이루는 자율적인 주체이며, 사회적인 권리와 의무는 그런 개인들의 이성적인 판단에 기초하고 있다는 것이 자유주의의 기본적인 입장이다. 이런 자유주의에서 가장 중요한 것은 개인의 자유이다.

그런데 자유주의는 개인의 자유를 강조한 나머지 그 개인이 속한 공동체의 의미나 역할을 너무 낮게 평가하는 측면이 있다. 1980년대 이후 미국에서는 공동체적인 가치의 중요성을 강조하는 몇몇 철학자들이 자유주의적인 입장을 강하게 비판한 적이 있다. 이 철학자들을 공동체주의자라고 하는데, 여기서는 공동체주의자들의 자유주의 비판이 어떤 내용인지 간단히 소개하고 넘어가기로 한다.

먼저, 공동체주의자들은 자유주의자들의 인간관을 비판한다. 홉스나 로크에서 볼 수 있듯이, 자유주의자들은 인간이 태어나면서부터 이성 능력을 가지고 있다고 믿는다. 그렇기 때문에 스스로 사회를 만들기 위한 판단을 내릴 수도 있고, 정부가 잘못을 하면 그것을 비판하거나 저항할 만큼 사회의 모든 가치와 무관하게 자기 나름대로 사고할 수 있는 판단 능력을 가진 것으로 생각한다. 그러나 공동체주의자들은 인간은 태어나면서부터 사회적인 환경의 영향을 받기 때문에 자유주의자들이 생각하는 인간은 현실적으로 그 어디에도 존재하지 않는 인간이라고 비판한다. 인간은 공동체 속에 역사적으로 전해져 내려오는 가치관이나 선입견의 영향을 강하게 받기 때문에 자유주의자들이 생각하는 '자율적인 인간'은 존재하지 않는다는 것이다.

  두 번째로, 공동체주의자들은 가치를 받아들이게 되는 태도에 대한 자유주의자들의 생각이 잘못되었다고 여긴다. 자유주의자들은 개인이 사회의 어떤 가치를 스스로 타당하다고 판단해서 그 가치를 받아들인다고 생각한다. 하지만 공동체주의자들이 볼 때 우리는 어떤 가치가 받아들일 만한 것인지를 판단하기 전에 이미 그런 가치를 받아들이고 있는 경우가 대부분이다. 예를 들어, 가족, 민족, 종교 등에 포함된 효, 애국심, 사랑, 자비 같은 가치들은 우리가 이성적으로 판단해서 수용하게 되는 것이 아니다. 우리는 사회의 구성원으로 성장하는 과정에서 그런 가치들을 알게 모르게 당연한 것으로 받아들인다. 공동체주의자들은 우리가 어떤 가치를 받아들일 때 순전히 개인적인 이해관계만을 고려하는 것은 아니라고 지적한다. 가치들이 표현하는 것은 개인의 이해관계가 아니라 집단의 이해관계라는 것이다.

  마지막으로 공동체주의자들은 자유주의자들이 지나치게

개인적인 권리를 강조함으로써 공동체적인 삶에서만 얻을 수 있는 행복한 삶의 요소들을 사라지게 만든다고 주장한다. 자유주의 정치가 만들어 내는 자유주의 문화는 지나치게 개별화되어 개인적인 자기실현에만 관심을 가진 인간들을 낳고, 사람들이 서로 돕고 살면서 얻을 수 있는 삶의 보람 같은 것을 느끼지 못하게 한다는 것이다.

사회 계약은 이성의 산물인가?

인간이 사회를 어떻게 만들게 되었고, 근대적인 국가가 어떻게 형성되었는가에 대해서는 여러 가지 설명이 있다. 우리가 여기서 살펴본 홉스와 로크의 사회 계약론은 그런 문제에 대해 역사적이거나 실증적인 설명을 하지는 않는다. 홉스와 로크는 인간이란 어떤 존재인가 하는 의문에서 시작해서 인간의 사회란 어떤 형태여야 하는가 하는 문제로 나아갔다. 말하자면 아주 근본적인 차원에서 인간과 사회의 본질에 대한 설명을 했던 셈이다.

홉스와 로크의 설명은 분명히 시대적인 특성을 지닌다. 그리고 이들이 활동한 시대는 중세에서 근대로, 봉건 시대에서 자본주의 시대로 이행해 가는 시기였다. 이런 변화의 시기에는 사람들의 세계관, 인간관, 가치관이 급격하게 바뀐다. 두 사람의 사상 속에서는 새롭게 변화된 시대를 설명해 내려는 지적인 노력이 보인다. 홉스와 로크의 이론에서 가장 특징적인 것은 이성적인 개인의 욕구로부터 사회적인 의무와 권리를 이끌어 냈다는 점이다.

이성적인 주체로서의 인간이라는 개념은 근대적인 개념이다. 프랑스의 합리주의 철학자인 데카르트는 '나는 생각한다. 고로 나는 존재한다.'는 명제를 통해 인간이 이성적으로 사유하는 주체라고 말했다. 그 후 이성적인 개인이라는 개념은 새로운 시대인 근대를 책임질 역사의 주체로서 등장한다. 인간이 이성을 가지고 있다는 것은 무엇이 옳고 그른지 판단할 수 있는 능력이 있다는 것이며, 따라서 진리를 알 수 있다는 것이다. 홉스와 로크는 인간이 이러한 능력을 바탕으로 하여 어떤 사회를 이루어야 하는지 설명했다. 인간이 이성의 힘으로 올바른 사회적 의무와 권리를 파악할 수 있는 한 스스로의 힘으로 가장 바람직한 사회를 만들어 갈 수 있을 것이다. 이렇게 인간이 이성의 힘으로 사회를 발전시켜 나갈 수 있다는 생각을 계몽주의라고 부른다. 홉스와 로크는 이런 계몽주의적인 생각을 바탕으로 인간이 왜 국가를 만들었는지를 설명한 셈이다.

우리는 지금 탈근대라고 일컬어지는 시대를 살고 있다. 홉스와 로크의 생각은 당시로서는 다가올 시대를 예비하는 급진적인 생각이었지만, 세계화되고 다원화된 오늘날의 사회를 설명하기에는 맞지 않는 면이 있다. 그들이 살았던 시대에 비하면 자본주의는 훨씬 발전했고, 사회도 복잡해졌다. 근대적인 국가가 탄생한지 수백 년이 지났지만, 사람들은 국가 안에서 자신들이 바라는 것을 모두 얻지도 못하고, 권리를 평등하게 누리고 있지도 못하다. 홉스나 로크는 이성을 가진 개인들이 평온한 삶과 개인의 권리를 지키기 위해 국가를 만들었다고 했지만, 오늘날의 현실이 그렇지 못하다면 우리는 처음으로 돌아가서 바람직한 사회를 만들기 위해서는 어떤 것이 더 필요한지를 생각해 보아야 할 것이다.

2

가장 **공정한 사회**란 어떤 사회일까?

- 사람은 평등하게 태어날까?
- 사회 정의란 무엇일까?
- 사회적인 약자를 어떻게 배려할 것인가?
- 개인의 행복을 위해서 국가는 개인의 자유를 침해해도 좋은가?

사람은 평등하게 태어날까?

우리가 사는 세상은 참 불공평하다. 어떤 사람은 머리도 좋은데다가 생김새도 훌륭해서 공부도 잘하고 주위 사람들이 모두 부러워한다. 그런데 어떤 사람은 기억력이 좋지 않아 아무리 노력을 해도 성적이 잘 오르지 않고, 생김새도 신통치 않아서 주위 사람들한테 호감을 얻지 못한다. 타고난 재능이나 미모 때문에 남들보다 돈을 더 많이 번다거나 사회적으로 높은 지위에 오른다면, 그렇지 않은 사람들이 볼 때는 좀 억울할 것이다. 그렇게 얻은 부나 명예는 노력한 만큼의 보상이라고 할 수 없기 때문이다.

한때 '하면 된다.'는 구호가 사회적으로 유행한 적이 있지만, 사실은 근거 없는 말이다. 아마도 좌절한 사람들한테 확실하지 않은 희망을 주는 데는 의미가 있겠지만, 세상에는 아무리 해도 안 되는 것이 더 많다. 모든 사람들이 다 빌 게이츠처럼 부자가 될 수도 없고, 마이클 조던 같은 농구 선수가 될 수도 없으며, 피카소 같은 천재적인 예술가가 될 수는 없는 것이다. 재능이나 능력을 타고나지 못했거나 경제적인 여건이 좋지 못해서 자신의 꿈을 이루기 힘든 많은 사람들에게 그런 그럴 듯한 말로 실현될 수 없는 희망에 인생을 낭비하게 하기 보다는, 자신이 처한 상황에서 큰 명성이나 부를 이루지 못하더라도 나름대로 행복하다고 생각하면서 살 수 있게 하는 편이 더 낫지 않을까?

모든 사회 구성원에게 그가 타고난 재능이나 경제적인 여건은 고려하지 않은 채, 모두가 열심히 노력해서 남들이 부러워하는 명예나 부를 얻으라고 말하는 사회와, 모두가 최고의 자리에 오를 수는 없으므로 각자 타고난 재능과 여건에 따라 자신에게 맞는 일을 하면서 그 일에 만족감을 느끼며 살기를 권하는 사회가 있다면 어떤 사회가 더 바람직할까?

아마도 성취욕이 강한 사람들은 전자를 택할 것이고, 경쟁을 싫어하는 사람들은 후자를 택할 것이다. 그런데 이 문제는 이런 선택의 문제가 아닐 수도 있다. 모든 사람을 경쟁으로 내모는 것은 분명 피곤한 일이지만, 한 사회가 발전해 나가려면 개인들이 그 안에서 불가피하게 경쟁을 해야 하는 측면도 있다. 사람들이 스스로 더 나아지려는 노력을 아예 하지 않는다면, 아마도 자신에게 맞는 일을 하고 살기에도 어려운 상황이 닥칠지도 모른다. 그래서 바람직한 대안은 사람들이 선의의 경쟁을 하도록 권하는 동시에 경쟁에서 탈락하는 사람들을 낙오자로 취급하기보다는 함께 잘 살 수 있도록 배려하는 사회라고 할 수 있을 것이다. 우리가 살펴볼 롤스는 이런 사회를 만들기 위한 이론적인 장치를 생각해 냈다.

사회 정의란 무엇일까?

존 롤스(John Rawls, 1921~2002)의 일차적인 관심은 정의로운 사회란 어떤 사회인가 하는 것이었다. 사회 정의의 문제는 오래전부터 철학자들의 관심거리였는데, 크게 두 가지 정의에 대한 개념이 논의가 되었다. 하나는 '분배의 정의'라는 것으로 그 사람의 정당한 몫을 그 사람에게 주는 것이 정의라는 것이고, 또 다른 하나는 자신이 이룬 일에 대한 당연한 보답을 받는다는 '응분의 정의'가 그것이다. 그런데 이런 정의의 개념은 여러 가지 해석의 여지가 있어서 구체적인 상황에 적용시키기가 그리 쉽지 않다. 각 사람의 정당한 몫의 기준을 어떻게 정할 것인지, 어떤 사람이 기여한 정도를 어떻게 평가할 것인지 쉽지 않은 것이다.

예를 들면, 비정규직 일용 노동자가 하루 종일 고된 노동을 하면서도 지하의 단칸 셋방을 벗어나지 못하는데 반해, 변호사나 의사 같은 고소득 전문직 종사자들은 수십 억원에 달하는 아파트에 거주할 수 있는 수입을 얻는다. 이것은 각 사람의 정당한 몫이 분배된 것일까? 또 이들은 각자가 이룬 일에 대한 당연한 보상을 받고 있는 것일까?

어떤 사람들은 이런 부익부 빈익빈 현상이 일어나는 것은 분배의 정의가 실현되지 않고 있어서라고 주장한다. 한쪽에서는 자신이 일한 것에 대해 정당한 몫을 가져가지 못하는 반면 다른 한쪽에서는 너무 지나치게 가져가기 때문이라는 것이다. 또한 같은 노동을 해도 정규직과 비정규직의 임금 차이가 많이 나는 것은 기여한 정도에 따라 몫을 가져가야 한다는 응분의 정의에도 위배된다. 그러나 또 다른 한편에서는 노동력의 가치란 거기에 투자된 비용 등을 반영하기 때문에 단순 노동자와 전문직의 임금 차이는 당연한 것이며, 소득 격차가 나는 것이 오히려 응분의 정의에 합당하다고 주장한다.

이런 논란이 발생하는 이유는 우리가 사는 세상이 각자가 원하는 만큼의 몫을 모두가 가져갈 수 없는 세상이기 때문이다. 홉스나 로크가 바라본 대로 인간이란 존재는 이기적인 욕망을 가진 존재이다. 만일 사람들이 이기적이지 않다면 우리가 여기서 고민하는 사회 정의의 문제도 발생하지 않을 것이다. 우리나라만 하더라도 이미 주택 공급률이 100퍼센트를 넘어섰다. 지방에는 미분양 아파트가 넘쳐 나도 강남의 아파트 값은 내릴 줄을 모른다. 쌀이 남아돌아서 썩어 간다는 뉴스가 나오지만, 곧이어 전국적으로 결식아동들이 수십만에 달한다는 뉴스가 이어진다. 만약에 집이 없는 사람들에게 남는 집을 나누어 주고, 밥을 굶는 사람들에게 남아도는 쌀을 나누어 준다면, 문제가 해결되는 것일까? 문제는 그리 단순하지 않다. 일하지 않는 사람들에게까지 집과 식량을 줄 경우에는 응분의 정의에 위배된다는 주장이 나올 수도 있다.

사회 정의의 문제는 이렇듯 모든 사람의 욕구를 충족시킬 수 없는 결핍의 상황에서 발생한다. 각자의 정당한 몫을 어떻게 정할 것인지, 그 사람의 노력에 대한 합당한 보답은 어느 정도인지를 사회 구성원 모두가 공감할 수 있는 선에서 제시해야 하는 것이 사회 철학자들의 과제이다.

롤스는 이렇게 복잡한 문제를 해결하기 위해 정의의 원리가 합의되는 절차에 주목했다. 롤스는 각자의 정당한 몫은 이러저러한 정도로 하자거나, 노력에 대한 응분의 보상은 어느 정도면 되겠다거나 하는 식으로 말하는 대신, 사회 구성원들이 참여해서 공정한 절차를 밟아 모두가 합의할 수 있는 기준을 내놓으면, 그것이 바로 정의의 원리가 될 수 있다고 생각했다. 정의에 대한 이러한 생각을 '공정으로서의 정의'라고 부른다. 여기서 공정(公正)이라는 말은 우리가 흔히 공평하다거나 공정하다고 말할 때의 의미이다. 어떤 사람에게 특별히 유리하다거나 불리하게 되는 일이 없이 모두가 합의할 수 있는 상황이 여기서 말하는 공정한 상황이다. 롤스는 이렇게 공정한 상황에서만 올바른 정의의 원리가 합의될 수 있다고 생각했다.

  홉스나 로크가 사회 계약을 위해 '자연 상태'라는 것을 가정했듯이, 롤스도 정의로운 사회를 만들기 위한 원리를 도출해내기 위해서는 그 비슷한 상황이 필요하다고 생각했다. 롤스는 다양한 사람들이 모여서 앞으로 사회를 만들어 나가는 데 필요한 원리에 대해 합의하는 일종의 원탁회의를 생각했다. 롤스는 이런 회의의 상황을 '자연 상태'라는 이름 대신에 '원초 상태'라고 불렀다. 원초 상태란 가장 공정한 합의가 이루어질 수 있는 상태를 말한다. 여기에 참여하는 사람들은 어떤 사람에게만 특별히 좋거나 나쁜 결과가 나오지 않도록 최대한 공정한 입장을 취해야 한다. 그런데 이기적인 사람들이 모여서 합의를 하는데 어떻게 이런 일이 가능할까? 누구나 다 가급적이면 자기에게 유리한 쪽으로 결론을 이끌어 내려고 하지 않을까? 머리가 좋은 사람이 회의에 참석해서 교묘하게 자기에게 유리한 쪽으로 결론을 유도할 수도 있을 것이다.

이런 문제를 해결하기 위한 롤스의 방안은 회의에 참석하는 사람들이 자기에게 유리한 것이 무엇인지를 모르게끔 만드는 것이다. 자기에게 유리하다는 것은 자기가 사회적으로 처한 입장이 어떤지를 알 때에만 판단할 수 있는데, 자신의 처지가 어느 정도에 속하는지 모른다면 그 누구도 자기에게 유리한 것이 어떤 것인지 판단하기 힘들 것이다. 예를 들어, 자신이 머리가 좋은 편에 속하는지 아둔한지, 잘생긴 쪽에 속하는지 아니면 못생긴 쪽인지, 부자인지 가난한지, 체력이 좋은 편에 속하는지 그렇지 않은지 등등에 대해서 내가 판단을 내릴 수 없다면 나는 섣불리 머리가 좋은 사람들 편을 들거나, 아니면 가난한 사람 편을 들 수가 없을 것이다.

롤스는 이렇게 회의에 참석하는 사람들이 자신의 개인적인 처지를 모르는 상태에서 합의를 해야 최대한 공정한 원리에 도달할 수 있다고 생각했다. 롤스는 이러한 상태를 가리켜 사람들이 **'무지의 베일'**을 쓰고 있다고 말한다. 무지의 베일이라는 말은 회의에 참석하는 사람들이 일반적인 지식은 그대로 간직하고 있지만, 어떤 베일을 쓰는 순간 갑자기 자기 자신이 누구인지 잘 모르게 되는 공상 과학 영화 같은 상황을 비유한 표현이다. 무지의 베일을 썼다고 해서 모든 기억을 상실하고 갑자기 바보가 되어서는 안 될 것이다. 그런 사람들끼리 모여서 의논해 봐야 정의의 원리를 합의해 낼 수가 없기 때문이다. 그래서 원초 상태에 참여하는 사람들은 경제 이론, 사회 조직, 인간의 심리에 대해서 어느 정도 지식이 있어야 한다.

그리고 원초 상태에 참여하는 사람들은 자신의 인생 계획에 대해서 모르고 있을지라도, 어떠한 것이 되든 그 인생 계획을 실현하려면 어느 정도의 재화가 필요하다는 것을 잘 알고 있는 합리적인 사람들이다. 말하자면 완전히 이타적이어서 자기 몫을 챙기는 데 전혀 관심이 없다거나, 다른 사람이 자기보다 더 많은 몫을 차지하게 되면 아예 아무도 갖지 못하도록 심술을 부리는 사람이어서는 안 된다는 것이다. 너무 이타적이거나 시기심이 지나친 사람들은 현실적인 정의의 원리를 합의해 내지 못할 것이다. 한정된 몫을 어떻게 잘 나누는 것이 좋으냐의 문제를 가지고 원칙을 정하기 위해서 모였는데, 이타적인 사람들은 무조건 다른 사람들을 위해 스스로를 희생하려고 할 것이고, 시기심이 너무 강한 사람들은 혹시라도 다른 사람들이 부당한 몫을 챙기지 않을까 걱정하다가 아무 합의도 이루어 내지 못할 것이기 때문이다.

롤스가 이렇게 정의의 원리가 합의될 수 있는 절차를 공정하게 만들어야 한다고 생각한 이유는 무엇일까? 우연히 얻게 된 천부적인 재능이나 타고난 환경 때문에 어떤 사람들이 다른 사람들에 비해 돈이나 명예를 쉽게 얻을 수 있는 사회는 정의로운 사회가 아니라고 생각했기 때문이다. 그렇다면 '무지의 베일'을 쓰고 '원초 상태'에 들어간 사람들은 어떤 원리에 합의할 수 있을까?

일차적으로 생각할 수 있는 것은 그들은 공리주의적인 입장에는 동의하지 않을 것이라는 점이다. **공리주의**란 '최대 다수의 최대 행복'을 꾀하는 것이 윤리적으로 옳은 일이고, 그것이 곧 사회 정의와 통한다고 믿는 입장이다. 더 많은 사람의 더 큰 행복을 위하는 것이 올바른 선택이라고 주장하는 공리주의의 입장에 대해 원초 상태의 토론자들은 왜 반대할까?

다섯 사람이 일을 하고 임금을 받는 상황을 생각해 보자. 공리주의는 다섯 중 세 사람이 50만 원을 받고 나머지 두 사람이 40만 원을 받는 상황과, 세 사람이 80만 원을 받고 나머지 두 사람이 10만 원을 받는 상황이 있다면, 후자가 더 낫다고 생각한다. 최대 다수의 최대 행복이라는 측면에서 볼 때,

사람들이 받게 되는 임금의 평균이나 총액 측면에서 후자가 더 낫기 때문이다. 그러나 우리는 상식적으로 전자가 더 정의롭다고 생각할 뿐만 아니라 내가 임금을 많이 받게 될 것인지 아니면 적게 받게 될 것인지 알 수 없는 상황이라면, 다른 사람과 임금 차이가 많이 나지 않기를 원할 것이다.

공리주의자들은 더 많은 사람의 행복을 위해서는 소수의 사람이 희생을 감수할 수도 있다고 생각한다. 그러나 롤스의 원초 상태에 있는 당사자들은 자신이 행복한 다수 쪽에 속하게 될지, 아니면 희생을 감수해야 할 소수에 속하게 될지 알지 못한다. 자신이 다수를 위해서 희생하는 사람이 될 가능성이 있다면, 누구라도 그런 상황은 만들지 않으려고 할 것이다. 즉 누군가가 불가피하게 희생을 감수해야 하는 입장에 있게 된다면, 그리고 그 사람이 바로 내가 될 수도 있다고 생각한다면 사람들은 그 사람을 먼저 배려하는 쪽으로 의견을 모을 것이다. 이것이 무지의 베일을 쓰고 있는 원초 상태의 사람들이 공리주의적인 입장을 받아들이지 않는 이유이다. 그렇다면 이들은 어떤 식의 원리에 합의할까?

사회적인 약자를 어떻게 배려할 것인가?

원초 상태에서 정의의 원리를 합의하는 사람들은 첫 번째 원리로서 '평등한 자유의 원리'를 이끌어 낼 것이다. 롤스도 홉스나 로크와 마찬가지로 인간에게 가장 중요한 것은 개인이 가지고 태어나는 자유에 대한 권리라고 생각한다. 때문에 정의로운 사회를 원하는 사람들이 개인의 자유가 침해되어도 좋다는 생각은 하지 않을 것이라고 보는 것이다. 개인의 자유는 경제적인 이익을 위해서 희생되어서도 안 되고, 다른 사회적 이득을 위해서 희생되어서도 안 된다.

원초 상태에 있는 사람들이 두 번째로 합의하는 문제는 부와 권력의 분배에 관한 문제이다. 사람들은 자신이 어떤 처지에 처할지 전혀 모르기 때문에 가능한 한 부와 권력을 배분할 때 어떤 불평등도 용인하지 않을 것이다. 만약 나누어야 할 몫이 처음부터 정해져 있어서 그 크기가 결코 늘어날 수 없는 상황이라면, 사람들은 언제나 몫이 평등하게 배분될 것을 보장하는 원리를 선택할 것이다.

하지만 몫이 처음부터 정해져 있는 것이 아니라 서로 간의 협동을 통해 늘어날 수 있다면 어떤 원리를 택하는 것이 옳을까? 예를 들어 100만 원씩을 받는 노동자 5명이 일을 해서 월

500만 원을 번다고 하자. 그런데 이들 중 한 명이 다른 사람에 비해 좀 더 힘든 일을 하고 있어서 일이 지연될 때, 그 사람에게 130만 원을 지급하는 대신 더 빨리 일하도록 한다고 해 보자. 한 사람이 돈을 더 많이 받는 대신 더 열심히 일해서 월 600만 원을 벌었다면, 다른 네 명의 노동자들 역시 증가한 수입 70만 원을 나눠 가질 수 있으므로 형편이 나아진다. 그렇다면 사람들은 처음처럼 공평하게 100만 원씩 받기보다는 한 사람에게 좀 더 많이 받도록 함으로써 자신들도 이익을 얻으려 할 것이다.*

이러한 가정은 원초 상태에서 합의하는 사람들이 소수의 희생을 용인하는 공리주의적인 입장은 피하면서도 그렇다고 산술적인 평균을 선호하는 것은 아니라는 사실을 보여 준다. 한 사람의 임금을 올려 줘서 그가 더 열심히 일하도록 하는 것은 분배상의 불평등을 인정한다는 것이다. 하지만 이런 불평등을 인정함으로써 다른 사람 모두에게 득이 된다면, 굳이 그런 불평등을 마다할 이유가 없는 것이다. 이를 통해 롤스가 자본주의 사회의 경쟁 시스템을 긍정적으로 여긴다는 것을

* 이런 예에 대해서는 카렌 레바크, 이유선 옮김, 『정의에 관한 6가지 이론』(크레파스, 2001), 79쪽 참조.

알 수 있다. 자본주의 사회는 더 나은 능력을 발휘할 수 있는 사람에게 더 많은 대가를 줌으로써 다른 모든 사람도 이득을 얻게 된다는 생각을 바탕에 깔고 있다. 선의의 경쟁이나 능력에 따른 임금의 격차가 분배의 정의라는 문제와 관련해서 볼 때 반드시 나쁜 것이 아니라는 것이다.

하지만 그렇다고 해서 롤스가 부와 권력의 불평등을 무한정으로 인정하는 것은 결코 아니다. 오히려 그런 불평등은 엄격히 제한되어야 한다고 주장한다. 롤스는 원초 상태에 있는 합의 당사자들이 이 불평등의 문제와 관련하여 다음과 같은 원칙에 합의할 것이라고 생각한다.

> 사회적 경제적인 불평등, 예를 들어 부와 권력의 불평등은 결과적으로 모든 사람들에게 이익이 될 때에만, 그리고 특히 사회에서 가장 불리한 처지에 있는 사람들에게 이익이 될 때에만 정당하다.[*]

'평등한 자유의 원리'를 정의의 제일 원리라고 한다면 이 원

---

[*] 존 롤스, 『정의론(*A Theory of Justice*)』(The Belknap Press of Harvard University Press, 1971), 14~15쪽.

리는 제이 원리로서 '격차 원리'라고 불린다. 이 격차 원리에 롤스 정의론의 핵심적인 요소가 들어 있다고 할 수 있다. 격차 원리의 내용은 '맥시민(Maximin)' 전략으로 요약된다. 맥시민이라는 말은 영어의 맥시마이즈(maximize, 최대화하다)와 미니멈(minimum, 최저치)을 합친 신조어이다. 이것을 굳이 우리말로 하자면 '**최소 극대화**'라고 할 수 있을 것이다. 최소 극대화란 가장 불리한 처지에 있는 사람들을 가장 먼저 배려한다는 의미를 담고 있다. 예를 들어 어떤 반에 모두 30명의 학생이 있는데, 한 학부모가 빵 25개를 사 가지고 왔다. 5명의 학생은 빵을 먹을 수 없는 상황이다. 맥시민의 규칙을 적용한다면 집이 가난해서 끼니를 거르는 결식 학생들에게 먼저 빵을 먹게 하고 학교에서 굳이 빵을 먹지 않아도 집에 가서 맛있는 음식을 얼마든지 먹을 수 있는 학생들은 다른 학생들과 빵을 조금씩 나누어 먹게 하면 될 것이다.

원초 상태에 있는 사람들은 무지의 베일을 쓰고 있기 때문에 그 베일을 걷어 냈을 때 사회에서 어떤 처지에 있게 될지 알 수 없다. 그러므로 자신이 사회에서 가장 불리한 처지에 놓일 가능성도 있다는 것을 염두에 두면 그런 사람들을 보호하기 위한 방안을 마련하는 것이 합리적일 것이다. 부와 권력은 최대한 평등하게 배분되는 것이 옳지만, 만약 사회적으로 불리한 입장에 있는 사람들을 위해 다소 불평등하게 배분된다고 해서 거기에 반대할 이유는 없다. 자신이 어떻게 될지 모르는 상황이므로 사람들은 가장 불리한 사람들에게 이익이 되는 쪽으로 관심을 기울일 것이다.

이런 생각들을 통해서 롤스가 얻은 정의에 대한 일반적인 입장은 "불평등한 분배가 모든 사람들에게 이익이 되지 않는 한, 사회적인 가치는 평등하게 분배되어야 한다."[*]는 것이다. 이러한 입장 때문에 롤스는 재분배론자라는 평을 듣는다. 롤스는 '공정으로서의 정의' 곧 절차상의 공정성에 입각해서 정의 개념을 이끌어 낼 수 있다고 생각한다. 그가 공정으로서의 정의를 통해서 말하고자 한 것은, 결국 사회적인 가치가 가능한 한 평등하게 분배되는 사회가 정의로운 사회라는 것이다. 물론 이런 평등한 분배라는 개념에는 약자들을 위해서는 불평등한 분배를 인정할 수도 있다는 생각이 포함되어 있다.

롤스가 이끌어 낸 두 가지 정의의 원리는 한 사회가 정의롭기 위해서는 어떤 원리에 입각해서 제도나 법률이 만들어져야 하는가 하는 문제에 대한 답변이라고 할 수 있다. 롤스는 이 세상이 다양한 욕구와 생각을 가진 사람들로 이루어진 매

---

[*] 존 롤스, 앞의 책, 62쪽.

우 복잡한 세상이라는 것을 잘 알고 있다. 이런 세상에서 사람들은 권리와 의무의 문제를 둘러싸고 갈등을 빚게 마련이다. 원초 상태는 그런 다양한 사람들이 합리적인 태도를 가지고 모두가 합의할 수 있는 원리를 도출해 낸다고 할 때, 그 원리가 어떤 것일지 보여 주기 위한 장치이다.

개인의 행복을 위해서 국가는 개인의 자유를 침해해도 좋은가?

롤스의 정의론은 1970년대에 나온 이론이다. 당시에는 아직 소련과 동유럽의 사회주의 국가들이 건재했다. 소련, 중국 및 동유럽의 사회주의 국가들과 영국과 미국을 중심으로 한 서구의 자본주의 국가들은 제2차 세계 대전 이후 끊임없이 체제 경쟁을 벌였다.

사회주의와 자본주의 국가들의 체제 경쟁에서 핵심적인 것은 경제 시스템의 운용 방식이다. 사회주의 국가들은 마르크스의 이론에 따라 사적인 소유를 인정하지 않았다. 사회주의자들은 재산에 대한 권리를 일종의 자연권으로서 가지고 있는 시민들이 주체가 되어 생산물을 자유롭게 거래하는 것이

빈곤과 차별이라는 사회악을 낳는다고 보았다. 때문에 그런 거래가 이루어지는 시장을 없애는 대신 사회주의 국가들은 계획 경제라는 것을 실시했다. 생산과 공급을 국가에서 계획하고 관리함으로써 불필요한 낭비를 막고, 부익부 빈익빈의 현상을 없앨 수 있다는 것이다. 한편, 자본주의 국가는 시장 경제에 기초한 경제 시스템을 운영했다. 시장 경제는 시민들의 사유 재산을 바탕으로 해서 수요와 공급이 시장에 의해서 조절되도록 하는 시스템이다. 시장에서는 가격 경쟁이 가능하기 때문에 좋은 물건을 싼 가격에 팔 수 있는 사람들은 남들보다 많은 부를 획득할 수 있다. 이런 경쟁 시스템은 사회의 제도 전반에 확산되어 사회 전체의 생산성과 효율성을 높였다. 여기서 국가의 역할은 자유로운 거래를 보장하는 선에서 최소화된다.

 이 두 체제는 모두 문제를 안고 있다. 사회주의는 계획 경제가 안고 있는 비효율성과 관료주의 때문에 1980년대 이후 급속하게 몰락의 길을 걸었다. 한편 시장 경제를 바탕으로 한 자본주의 체제는 부익부 빈익빈의 현상을 심화시키면서, 경쟁에서 탈락하는 사람들의 생존을 보장해 주지 못하고 있다. 이 두 체제 간의 경쟁은 흔히 평등이냐 자유냐의 선택의 문제로 보이기도 한다.

북유럽의 국가들은 시장 경제 시스템을 운영하면서도 사회주의적인 요소를 도입함으로써 사회의 약자를 국가에서 돌볼 수 있는 복지 사회 모델을 만들어 냈다. 반면, 미국은 자유 시장의 역할에 바탕을 둔 사회로서 복지 국가라고 할 수는 없다. 롤스의 정의론은 시장 경제 체제를 그대로 유지하면서도 불리한 처지에 있는 사람들을 배려할 수 있는 방법을 고안해 낸 것으로 볼 수 있다. 그러나 롤스의 이런 온건한 재분배론조차도 시장을 우선으로 생각하는 사람들에게는 정부가 개인의 권리를 지나치게 침해할 우려가 있는 것처럼 보였다. 롤스는 능력이 있는 사람들에 대한 보상이 오로지 약자를 위한 것이 될 수 있을 때에만 인정될 수 있다고 말했기 때문이다. 이것은 개인이 마땅히 가져가야 할 응분의 몫을 국가나 정부가 개입해서 조절하는 것으로 보인다. 국가는 개인의 권리를 지키기 위해 이런 정도의 간섭을 해서도 안 되는 것일까? 이 문제에 대해서 다음 장에 등장할 로버트 노직은 매우 강경한 태도를 보이고 있다.

3

마음에 드는 **사회**를 자유롭게 **선택** 할 수는 없을까?

- 행복한 삶의 기준은 있는가?
- 황야의 총잡이는 마을을 떠나야 하나?
- 스포츠 스타의 고액 연봉은 정당한가?
- 자유와 평등은 양립 가능한가?

행복한 삶의 기준은 있는가?

간혹 전 세계적으로 나라별 행복 지수를 조사한 결과가 뉴스로 소개되는 경우가 있다. 놀라운 것은 가장 못사는 나라로 알려진 방글라데시 같은 곳에 사는 사람들이 스스로 행복하다고 생각하는 비율이 제일 높게 나온다는 것이다. 이런 뉴스를 보면 사람들의 가치관이 천차만별이구나 하는 생각이 든다. 문명의 혜택을 보지 못하고 사는 오지의 사람들을 보면 우리의 관점에서는 어떻게 저렇게 살 수가 있나 싶지만, 그들의 관점에서는 오히려 우리들의 삶이 피곤하고, 괴롭게 보일 지도 모른다.

멀리 갈 것도 없이, 북한만 보더라도 우리와는 전혀 다른 삶의 방식을 가지고 있다. 소련이 몰락하고 중국이 개혁 개방을 하면서 전 세계적으로 사회주의를 표방하는 나라가 거의 사라졌다는 점에서 북한은 매우 독특한 체제를 유지하고 있는 나라라고 할 수 있다. 북한은 현재 국제적인 식량 원조에 의존하지 않고서는 유지할 수 없는 상황에 도달했다. 그렇다고 북한이 중국처럼 자본주의의 시장 경제 시스템을 도입해서 개방에 나서는 것도 쉽지 않아 보인다. 북한의 사회주의는 시장 원리를 학습할 기회가 별로 없었고, 개혁 개방에 나서게 되면 체제 자체가 무너질 수 있다는 위기의식이 있기 때문이다.

탈북자들이 어떻게 해서든지 우리나라로 들어오려고 하는 마당에 북한에 가서 살고 싶어 하는 사람이 있다면, 좀 이상하게 여겨질 테지만, 실제로 우리 사회에서는 그런 사람들이 있었고, 한국 정부는 그들을 북한에 보냈다. 그들은 사상 전향을 거부함으로써 감옥에 수십 년 동안 갇혀 있었던 장기수들이다.

북한에 사는 많은 사람들이 남한으로 오고 싶어 하는가 하면, 남한에서 수십 년 감옥살이를 한 사람들이 북한으로 보내지는 상황을 보면서, 국가란 개인의 생각이나 삶의 방식을 자유롭게 놓아두지 않는구나 하는 생각을 하게 된다.

인간이 자유롭게 살기 위해 만든 것이 국가라고 한다면, 이런 상황은 다소 앞뒤가 맞지 않는 것처럼 보인다. 국가는 무슨 권리로 배고파서 굶어 죽지 않기 위해 국경을 넘는 사람들을 죽이거나 가두는 것일까? 또는 사상을 바꾸지 않는다고 해서 수십 년간이나 감옥살이를 시키는 것일까? 이런 것은 모두 이동, 거주, 사상의 자유를 국가가 강력하게 제한하는 것으로 볼 수 있다. 사실상 나라마다 비자 심사를 통해서 출입국자를 감시하는 것은 오늘날의 국민 국가들이 사람들의 거주의 자유를 인정하지 않는 것으로 볼 수 있다.

 자유주의자들이 아무리 인간은 자유에 대한 권리를 갖는다고 주장해 봐야 현실적으로는 그 자유의 폭이 그리 크지 않다는 것을 알 수 있다. 인간이 진정으로 자유로울 수 있으려면, 폭행, 약탈, 살해 등으로부터 안전할 수 있는 권리와 더불어 자신이 살아갈 공동체를 스스로 선택할 수 있는 권리도 가져야 할 것이다. 다시 말하면 인간은 행복한 삶의 방식을 스스로 선택할 자유도 가져야 할 것이다. 만약 국가가 개인에게 행복한 삶이 어떤 것인지 가르친다면 그것은 이미 개인의 자유를 침해한 것으로 볼 수 있을 것이다. 노직의 주된 고민은 개인의 행복을 위해서 국가가 어느 정도로 개인의 삶에 개입할 수 있는가 하는 문제였다.

황야의 총잡이는 마을을 떠나야 하나?

로버트 노직(Robert Nozick, 1938~2002)의 입장은 완전 자유주의(libertarianism, 자유 지상주의라고 번역하기도 한다.)라고 불린다. 그는 롤스와 마찬가지로 근대 사회 계약론자들의 이론을 계승하는 현대의 자유주의 사상가이다. 롤스가 자유주의의 입장을 취하면서도 경제적인 재분배의 문제에 관심을 가졌다면, 노직은 철저히 개인의 자유의 문제에만 주목했다. 노직은 인간이 수단이 아니라 그 자체로서 목적이라는 칸트의 관점을 받아들여 어떤 상황에서도 개인이 가지고 있는 권리가 침해되어서는 안 된다고 생각했다.

그런데 이 세상의 모든 국가는 개인의 권리를 어떤 형태로든 침해한다. 국가는 군대에 가고 싶지 않은 사람들을 군대에 강제로 보내기도 하고, 의무 교육이라는 이름으로 학교에 가기 싫어하는 어린아이들을 억지로 학교에 보내기도 한다. 또한 담배를 아무 데서나 피우고 싶어 하는 사람들에게 담배를 피울 권리를 제한하기도 하며, 남을 돕기를 원하지 않는 사람에게서도 세금을 징수해서 가난한 사람들에게 나누어 주기도 한다. 그리고 국가의 이런 '권리 침해'는 사회 복지나 사회 정의라는 이름으로 행해진다. 노직처럼 어떤 상황에서도 국가가 개인의 권리를 침해해서는 안 된다고 한다면, 이 세상에 어떤 정부도 존재해서는 안 될 것이다. 그런 입장을 우리는 무정부주의라고 부른다. 그렇다면 노직은 무정부주의를 제안하는 것인가?

노직은 무정부주의가 바람직하다고 생각하지 않는다. 왜냐하면 만약 지구상에 무정부주의적인 사회가 존재한다면, 그 사회 속에서 개인들은 자신의 생명, 자유, 재산을 지키기 위해서 너무나도 많은 수고를 해야 하고 많은 비용을 지출해야 하기 때문이다. 노직은 오히려 무정부주의적인 상황으로부터 '보이지 않는 손'에 의해 자연스럽게 국가가 탄생할 것이라고 생각한다.*

'보이지 않는 손'은 애덤 스미스가 시장 경제 원리를 설명할 때 사용한 단어이다. 시장에서는 누구도 상품을 얼마나 공급할 것인지, 가격을 어떻게 책정할 것인지 미리 정하지 않는다. 거래를 하는 과정에서 자연스럽게 상품의 가격이 형성되고, 수요와 공급이 조절된다. 이것을 저절로 생겨난 질서라는 의미에서 자생적인 질서라고 부른다. 노직은 국가가 이렇게

---

* 로버트 노직, 『아나키에서 유토피아로(Anarchy, State, and Utopia)』 (New York, 1974), 19~20쪽.

저절로 생겨날 것이라고 보고 있다. 노직이 생각하는 국가는 누군가에 의해 의도적으로 또는 계획적으로 만들어지는 것이 아니다. 아무도 국가가 만들어지리라고 생각하지 않았음에도 불구하고 국가가 탄생하게 된다는 것이다.*

  노직이 생각하는 인간의 본성 역시 홉스나 로크가 생각했던 것처럼 이기적이고 합리적이다. 이런 인간들이 무정부주의적인 상황에 놓인다면 당연히 여러 가지 갈등과 분쟁에 휩싸일 것이다. 그래서 각 개인들은 갈등을 해결하고 자신들의 권리를 확실하게 보호받기 위해서 일종의 보호 협회를 결성하게 된다. 이런 보호 협회는 처음에는 다양한 형태로 여러 개가 생겨날 것이다. 그러다가 그중의 어느 한 보호 협회가 한 지역에서 지배적인 위치에 오르게 될 것이다. 이렇게 한 지역에서 지배적인 위치에 오르게 된 보호 협회가 국가가 형성되기 위한 전 단계가 된다.

  서부 영화의 내용을 생각해 보면 노직이 말하는 지배적인 보호 협회가 어떤 것인지 짐작할 수 있을 것이다. 정의의 총잡이가 등장하는 서부 영화를 보면 대개 구도가 비슷하다. 평화로운 마을이 있고, 그 마을에는 보안관이 치안을 담당한다.

---

* 카렌 레바크, 앞의 책, 114쪽.

그런데 이 마을에 어느 날 거액의 현상금이 붙은 악당들이 나타난다. 악당들은 잔인하게 사람을 죽이고 약탈을 하면서 마을을 불안하게 만든다. 나이 든 보안관의 힘으로는 도저히 악당들을 처치하기에 역부족이다. 이런 위기 상황에서 주인공인 황야의 총잡이가 등장한다. 이 총잡이는 현상금이 붙은 악당만을 잡으러 다니는 현상금 사냥꾼일 수도 있고, 오래전에 은퇴한 전설적인 무법자일 수도 있다. 어쨌든 무적의 총 솜씨를 뽐내는 이 총잡이의 활약으로 악당들은 격퇴되고 마을은 다시 평화를 되찾는다. 총잡이는 악당들을 해치우기 위해 마을에 머무는 동안 마을의 한 여인과 사랑에 빠지지만, 그 마을에 머물지 못하고 결국 석양을 배경으로 혼자 마을을 떠난다.

우리가 주목해야 할 것은 정의의 총잡이는 왜 마을에 머물지 못하고 혼자서 떠날 수밖에 없는가 하는 점이다. 노직의 보호 협회는 보안관이 치안을 맡고 있는 마을이라고 볼 수 있을 것이다. 이 보호 협회의 주된 임무는 그 협회의 구성원들 간의 분쟁을 조정하고 그들의 권리를 보호해 주는 것이다. 그래서 악당이 쳐들어오면 당연히 보안관들은 맞서 싸우게 된다. 그런데 이들이 외부의 총잡이가 들어와 악당을 해치우는 것을 용인한다면, 보호 협회는 계속해서 유지되기 힘든 상황을 맞을 수도 있다. 자기 멋대로 정의를 행사한다는 점에서 역시 무법자일 수밖에 없는 총잡이에게 마을 사람들이 기댈 수 있기 때문이다. 이것은 일종의 영역 침범의 문제로 볼 수 있다. 총잡이가 마을에 머물게 되면 보안관의 마음이 편하지 않을 것이다. 마을의 평화를 위해서 보호 협회의 보호를 필요로 하지 않는 무적의 총잡이는 사라져야 하는 것이다.

서부 영화가 주인공 남녀의 아쉬운 이별로 끝나지 않으려면 어떻게 해야 할까? 보안관의 입장에서는 무적의 총잡이가 총을 가진 채 마을에 거주한다는 것 자체가 불안할 것이다. 자칫하면 악당이 아닌 사람을 악당으로 오인하고 총을 쏠 수도 있기 때문이다. 총잡이의 입장에서도 마을에 머무는 대신 총을 사용하지 말라고 한다면 받아들이기 힘들 것이다. 우리가 생각할 수 있는 대안은 보안관의 수를 늘린다든가 하는 방법으로 보호 협회의 힘을 키워서 그 총잡이로 하여금 '처벌의 권리'를 포기하게 하는 동시에 적절한 보상을 해 주는 것이다. 즉 그 총잡이에 대한 보호 서비스를 제공하는 것이다. 이렇게 되면 보호 협회는 그 지역 내의 모든 사람을 보호하고, 정당한 힘의 집행에 대한 독점권을 갖게 된다.

이렇게 독점권을 갖게 된 지배적인 보호 협회가 노직이 말하는 '최소 국가'이다. 노직은 국가가 작으면 작을수록 좋다고 생각했다. 그래야 개인의 권리를 침해하는 일이 적어지기 때문이다. 노직은 이러한 최소 국가는 그 국가를 만드는 사람들의 공통적인 관심에 따라서 무척 다양한 형태로 나타날 수 있다고 보았다. 최소 국가는 사람들의 자발적인 협력에 의해서 만들어지므로 그 사람들이 어떤 유토피아를 꿈꾸느냐에 따라서 다양한 삶의 방식을 가진 국가 형태가 나올 수 있다는 것이다.

 예를 들면, 문명의 편리함을 거부하고 전통적인 삶을 고집하는 사람들의 나라, 채식만이 허용되는 나라, 담배를 피우지 않는 사람들의 나라 등등 그 구성원의 권리를 침해하지 않는다는 전체적인 틀만 유지가 된다면 사람들은 자유롭게 자신들이 꿈꾸는 유토피아 공동체를 만들 수 있다. 노직은 개인이 자유를 상실하는 대가로 보호 서비스를 받게 됨으로써 만들어지는 최소 국가만이 도덕적으로 정당화될 수 있다고 생각한다.

 한 가지 주목할 점은 노직이 유토피아적인 삶의 방식을 미리 정하지 않았다는 것이다. 그렇다면 모든 형태의 국가가 정당화될 수 있는 것일까? 심지어 공산주의나 사회주의 국가도 유토피아 중의 하나가 될 수 있을까? 그렇지는 않다. 노직은 국가가 개인의 권리를 침해할 수 없으며 다만 개인이 자기 마음대로 모든 것을 할 수 있는 자유를 양보하는 대가로 그에게 보호 서비스를 제공할 수 있을 뿐이라고 말한다.

즉 국가는 개인의 재산에 대한 권리에 전혀 간섭할 수 없다. 국가가 나서서 경제적인 정의를 실현하려고 한다면 그것 역시 노직의 입장에서 볼 때는 개인의 권리에 대한 중대한 침해이다. 이렇게 정의의 문제보다 개인의 자유의 문제를 우선적으로 생각한다는 점에서 노직의 입장을 **완전 자유주의**라고 부른다. 노직의 최소 국가에서는 거의 모든 사상의 자유가 허용되지만, 그 자유는 다른 사람의 권리를 침해하는 것이어서는 안 된다.

스포츠 스타의 고액 연봉은 정당한가?

국가의 역할에 대한 노직의 이러한 생각은 우리가 앞에서 살펴보았던 롤스의 입장과 많은 차이가 있다. 롤스는 불리한 사람들을 위해서 국가가 나서서 경제적인 재분배가 이루어질 수 있도록 해야 한다고 보았다. 반면 노직은 그런 국가의 행위는 명백하게 개인의 권리를 침해하는 것이라고 본다.

노직은 보호 서비스 이상의 역할을 하려고 하는 국가를 모두 정당하지 않은 국가 형태라고 보았다. 따라서 경제적인 재분배의 문제를 해결하기 위해 '필요에 따라' 혹은 '공적에 따라' 하는 패턴을 정해 놓고 그에 따라 국가가 개입해서 사회 정의를 실현할 수 있다는 생각은 옳지 못하다고 본다.

노직의 관심사는 경제적인 재분배의 문제가 아니라 각 개인이 어떤 과정을 거쳐서 재산을 갖게 되었는가 하는 점이다. 만약에 재산을 갖게 되는 과정이 정당하다면 그 누구도 그의 재산을 가지고 이래라저래라 해서는 안 된다는 것이다. 그것은 생명이나 자유에 대한 권리와 마찬가지로 개인이 가진 침해할 수 없는 권리이기 때문이다.

그렇다면 재산을 정당한 절차에 의해서 정당하게 소유하게 된다는 것은 무엇을 의미하는 것인가? 노직은 전설적인 농구 선수 월트 체임벌린의 예를 들었다. 체임벌린은 한 경기에 100점을 득점한 미국의 프로 농구 선수이다. 체임벌린의 경기는 많은 사람들이 보기를 원했기 때문에 그는 스포츠 선수로서 부와 명예를 얻을 수 있었다.

체임벌린이 정당하게 재산을 획득하는 과정을 단순화해 보자. 사람들은 체임벌린의 경기를 보기 위해 기꺼이 돈을 지불한다. 이렇게 사람들이 돈을 지불하고 즐거움을 얻는 것은 정당한 것이다. 시간이 점차 흐르면 체임벌린은 어마어마한 돈을 갖게 되고, 무명 선수와 재산상의 격차는 크게 벌어진다.

간신히 입에 풀칠을 할 정도로 적은 액수를 연봉으로 받는 선수가 있는가 하면 체임벌린 같이 엄청난 연봉을 받는 선수가 있다는 것은 부의 공평한 분배라는 측면에서 보면 정의롭지 못한 상황이 아닐까? 어쩌면 이 세상이 재능이 있는 사람들에게 너무 많은 것을 몰아서 주는 것은 아닐까?

　노직의 관점에서 보면 전혀 그렇지 않다. 오히려 결과를 미리 정해 놓고 그에 맞추어서 부를 분배하는 것이야말로 개인의 자유를 침해하는 것이다. 체임벌린이 얻은 부는 개인들이 자발적으로 자신이 얻는 즐거움에 대한 대가로 지불한 것이다. 이렇게 처음에 어떤 사람이 재화를 획득할 때 그 방법이 정당하다면 그의 재산은 정당한 것이 된다. 이런 식으로 처음 재산을 획득하는 과정이 그 재산의 정당성에 대한 근거가 된다고 보는 노직의 관점을 '소유권원론'이라고 부른다. 노직의 소유권원론은 경제적인 분배의 문제를 어떤 정해진 패턴에 따라서 해야 할 것이 아니라, 공정한 획득과 공정한 양도라는 절차상의 원리에 입각해서 해야 하는 것으로 보는 관점이다.

　노직이 생각하는 공정한 획득이란 타자에게 해를 주지 않는 한 노동을 통해서 정당하게 소유권을 획득할 수 있다는 것으로 이것은 우리가 앞서 살펴본 로크의 생각을 받아들인 것이다. 그런데 노직은 이것을 소유물의 양도와 구매에도 적용시켜 만약 어떤 것이 한 사람에게 지나치게 집중되어 다른 사람이 가질 수 없는 상황이 벌어진다면 그 소유는 정당하지 않다고 본다. 그것이 정당한 소유가 되려면 다른 사람의 상황이 악화되지 않도록 보상해 주어야 한다. 바꾸어 말하면, 다른 사람의 상황이 악화되지 않도록 보상을 해 준다면, 제한된 재화를 획득하는 것도 얼마든지 정당하다는 것이다.

노직의 이런 소유권원론은 최소 국가가 개인의 기본적인 권리를 지키는 데에만 충실해야 한다는 그의 관점에 입각해 있다. 그가 생각하는 기본적인 권리란 타자에 의해 해를 당하는 것에 저항할 권리, 선택과 행동의 자유에 대한 권리, 자신의 사적 소유에 대한 권리를 말한다.[*] 체임벌린 선수와 같은 유명한 스포츠 스타의 고액 연봉이 다른 사람에게 해를 주지 않을 뿐 아니라 그것이 관중들의 자유로운 선택과 행동에 의한 것이라면 부를 얻는 것은 당연한 것이다.

이런 노직의 입장은 롤스의 관점과 정면으로 배치된다. 롤스는 사회적인 약자의 처지를 고려하지 않은 채 재능이 있는 사람에게 부와 명예가 집중되는 것은 바람직하지 않다고 생각했다. 롤스의 입장에서 체임벌린 선수의 연봉이 정당한지

---

[*] 카렌 레바크, 앞의 책, 127~128쪽.

따져 본다면, 체임벌린 선수의 연봉은 다른 이름 없는 선수들의 처지를 개선시키는 정도까지만 정당하다고 할 것이다. 사실상 대부분의 국가에서 고소득자에게 높은 세금을 징수해서 그것을 사회 복지를 향상시키는 데 사용하는 것은 롤스 식의 재분배 정책이 시행되고 있는 것으로 볼 수 있다.

그런데 노직은 이렇게 국가가 세금을 통해서 부의 재분배를 꾀하는 것이 개인의 권리, 즉 선택의 자율성을 침해하는 것이라는 강경한 태도를 보인다. 우리는 노동을 통해서 재화를 소유하게 되므로, 국가가 세금을 징수하는 것은 노동을 강요하는 것과 마찬가지라는 것이다. 이것은 국가가 '부의 평등한 분배'와 같은 어떤 목적을 위해서 사람들을 수단으로 다루는 것과 마찬가지이므로 도덕적으로도 옳지 못하다는 것이 노직의 입장이다. 국가가 그런 일을 한다면 그것은 최소 국가의 범위를 넘어선 것이며 정당하지 못하다.

이런 노직의 주장은 다소 극단적으로 여겨진다. 세금이 강요된 노동의 한 형태라면 어떤 국가도 국민들로부터 세금을 징수해서는 안 될 것이다. 이것은 국가가 부익부 빈익빈의 문제를 해결하기 위해서 어떤 대책도 내놓을 필요가 없고 사회 복지 문제에도 관여해서는 안 된다는 주장으로 보인다. 그러나 노직의 이론이 이런 내용을 포함할 수 있다고 하더라도 그의 이론이 낮게 평가되어서는 안 될 것이다. 노직의 완전 자유주의는 국가의 역할을 최소화함으로써 막연한 공동체의 이익을 내세워 개인을 희생시키거나 개인의 자유를 침해해서는 안 된다고 주장한다. 이것은 자유주의 전통의 중요한 이론적 토대라고 할 수 있다.

자유와 평등은 양립 가능한가?

프랑스 혁명 당시 국민 의회의 선언문 1조는 모든 인간이 자유롭고 평등한 존재로 태어났다고 명시하고 있다. 오늘날에도 여전히 자유와 평등은 자유 민주주의 사회의 가장 중요한 가치이다. 그런데 이 자유와 평등이라는 두 가치가 언제나 조화를 이루는 것은 아니다. 때때로 개인의 자유를 우선시하다 보면 불평등한 결과를 낳게 되기도 하고, 평등을 강조하다 보면 불가피하게 개인의 자유를 침해하는 경우도 있을 수 있다. 종종 어떤 가치를 우선시하느냐에 따라서 정치적인 입장이 결정되기도 한다. 예를 들어 미국의 공화당은 전통적으로 자유를 우선시하며, 민주당은 상대적으로 평등한 가치를 우선시하는 것으로 여겨진다. 선거 때마다 세금 감면 정책을 내세우는 공화당은 개인의 자유를 중요하게 생각하는 노직의 이론을 선호한다고 할 수 있고, 반면 소수자의 인권이나 의료 개혁, 저소득층의 교육 문제 등을 이슈로 들고 나오는 민주당은 경제적인 재분배를 강조하는 롤스의 입장에 가깝다고 할 수 있다.

자유와 평등이 갈등을 빚고 있는 상황은 우리 주변에서도 쉽게 찾을 수 있다. 우리 사회의 사교육과 평준화 교육 간의 갈등이 그 한 예이다. 평준화 교육의 기본 취지는 학생들에게 평등한 기회를 부여하는 데 있다. 즉 다양한 소질을 가진 학생들이 획일적인 기준에 의해서 우열을 가리기보다는 각자의 능력을 발휘할 기회를 주자는 것이다. 그러나 이런 평준화 교육의 취지는 현실적으로 충분히 실현되지 않고 있다. 사교육 시장은 평준화 교육이 실시된 이후에도 끊임없이 성장해 온 반면, 공교육의 영역에서는 교실 붕괴를 우려하는 목소리가 들린다. 사교육에서 이름을 날리는 유명 강사들은 학생들로부터 존경스러운 스승으로 추앙되기도 한다.

사교육은 철저히 경쟁의 논리에 따라 움직인다. 사교육 시장이 커지는 것은 자신의 자녀를 경쟁에서 이기게 하겠다는 학부모들이 자신들의 자유로운 권리를 행사한 결과이다. 자신의 자녀에게 더 나은 교육을 시키겠다는 학부모들의 자율적인 선택은 자유 민주주의 체제에서 막을 수 없는 개인의 권리이다. 그러나 이런 권리가 자유롭게 행사됨으로써 사회는 점점 불평등한 구조를 갖게 된다. 돈이 많은 사람들이 사교육을 통해 자녀들을 명문대에 입학시키는 비율은 늘어나는 반면, 그럴 능력이 없는 사람들의 자녀들은 점점 좋은 대학에 들어갈 기회가 없어지는 것이다. 말하자면 부와 더불어 학력이 세습되는 불평등한 사회가 되는 것이다.

노직의 입장에서 보면 이런 상황이 전개되는 것은 분명히 많은 사람들에게 불행한 상황이 되겠지만 그렇다고 해서 이것이 '불공정'한 상황이라고 할 수는 없다. 사교육이 공정한 획득과 공정한 양도라는 절차에 따라 이루어지는 한, 그 누구도 그것을 금지할 수 없기 때문이다.

롤스가 자유와 평등의 문제를 조화시키기 위해 노력했다면, 노직은 자유와 평등의 문제가 양립할 수 없다는 사실을 분명히 주장하면서, 자유가 가장 우선시되어야 할 가치라면 평등은 희생될 수밖에 없음을 지적하고 있다.

그런데 노직이 말하는 개인의 자유로운 권리가 정당한 것이 되려면 공정한 획득과 공정한 양도가 보장이 되는 공정한 환경이 주어져야 한다. 그 환경을 노직은 '시장'이라고 보았다. 우리가 이제 질문을 던져야 할 것은 바로 이 시장이 실제로 공정한 교환의 장소인가 하는 점이다. 만약 시장이 개인 간의 공정한 획득과 양도를 보장하지 못한다면 노직의 이론은 설득력이 떨어질 것이다. 자본주의적인 시장이 노직이 생각하듯이 그렇게 공정하지 못하다는 주장을 한 대표적인 사회 철학자는 저 유명한 마르크스이다. 이제 마르크스가 왜 자본주의적인 시장을 비판했는지 살펴볼 차례이다.

4

사유 재산은 모든 악의 근원일까?

- 무엇이 인간을 구속하는가?
- 인간다운 삶이란?
- 열심히 일하는데 왜 형편이 나아지지 않을까?
- 사회주의는 왜 실패했을까?

무엇이 인간을 구속하는가?

독일의 철학자 헤겔은 인간의 역사를 자유가 점차 실현되어 온 과정이라고 보고 있다. 노예제, 봉건제, 그리고 자본주의 사회로 역사가 발전해 오면서 점차 자유를 누릴 수 있는 사람들이 늘어났다는 것이다. 신분제 사회에서는 출생과 더불어 자유로운 인간과 그렇지 않은 인간이 정해졌지만, 근대의 시민 혁명을 통해 신분제 사회가 철폐되면서 적어도 원칙적으로는 모든 사람들이 자유롭고 평등하게 태어난다고 인식하게 되었다.

그런데 자유롭다는 것은 무엇을 의미하는 것일까? 우리가 이미 살펴본 로크 같은 사상가는 자유를 일종의 자연적인 권리라고 보았다. 그리고 노직은 자율적인 인간의 선택과 행동

의 자유를 말하고 있다. 『자유론』의 저자인 공리주의자 밀은
"우리가 타인의 행복을 탈취하려고 시도하거나, 행복을 성취
하려는 노력을 방해하지 않는 한에서, 우리 자신의 방법으로
우리 자신의 선을 추구하는"* 것이 자유라고 말하고 있다.

우리의 삶은 다른 사람의 삶과 복잡하게 얽혀 있어서 과연 우리 자신의 방법으로 우리 자신의 선을 추구하려 할 때 그것이 다른 사람의 행복을 가로막는 일이 되지 않을 것인지 따져 보기란 쉽지 않다. 특히 오늘날과 같은 경쟁 사회에서는 다른 사람을 경쟁에서 이겨야만 남들보다 좋은 것을 얻을 수 있고, 자기가 원하는 삶을 살 수가 있다. 곧 다른 사람의 불행이 나의 행복이 되는 상황에서 우리는 살고 있는 셈이다.

조세희의 『난장이가 쏘아 올린 작은 공』이라는 소설은 우리 사회의 노동자나 빈민 같은 가난한 사람들이 차별과 억압에 시달려 얼마나 자유롭지 못한 삶을 사는지 구체적으로 묘사하고 있다. 그 소설에는 가난에 찌든 명희에게 큰오빠가 무엇이 먹고 싶은지를 물어보는 다음과 같은 대목이 나온다.

명희는 나의 손을 잡았다. 그 애는 나의 손가락을 하나하나

---

* 존 스튜어트 밀, 김형철 옮김, 『자유론』 (서광사, 1992), 26쪽.

짚어 가며 말했다. '사이다, 포도, 라면, 빵, 사과, 계란, 고기, 쌀밥, 김' 명희는 나의 손가락 하나를 마저 짚지 못했다. 그때의 명희에게는 그 이상의 것은 필요하지 않았을 것이다.*

명희가 먹고 싶어 하는 것을 마음대로 먹는다고 해서 그것이 다른 사람의 행복을 가로막을 것 같지는 않다. 그런데도 불구하고 명희는 왜 라면이나 계란, 쌀밥 따위를 마음대로 먹을 자유조차도 갖지 못한 것일까?

상식적으로 이 물음에 답하자면, 명희네 집은 가난하기 때문이다. 그렇다면 명희네는 왜 가난할까? 공장 노동자인 명희의 큰오빠는 형편없는 작업 환경 속에서 하루 종일 고된 노동에 시달리지만 명희에게 쌀밥을 배불리 먹일 만큼의 돈도 벌지 못한다. 노직은 노동을 통해서 공정하게 획득한 것에 대한 권리를 말했다. 명희의 큰오빠는 자신의 노동력을 양도함으로써 그에 합당한 보수를 받는다. 그런데 그 합당한 보수에도 불구하고 그들은 먹고 살기도 힘든 상황이다. 그런 보수를 받기로 한 것이 큰오빠의 자유로운 선택의 결과라면 그런 상황에 대해 다른 사람이 책임을 질 필요는 없다. 큰오빠는 명

---

* 조세희, 『난장이가 쏘아 올린 작은 공』(문학과 지성사, 1992), 72쪽.

희가 먹고 싶은 것을 먹을 수 있도록 더 열심히 일해야 할 것이다. 그런데 문제는 명희의 큰오빠는 더 열심히 일할 수 없을 정도로 힘들게 일하고 있다는 데 있다. 그렇게 일하는데도 왜 상황은 나아지지 않는 것일까?

이 물음에 답하기 위해서는 큰오빠가 적은 보수로 고된 노동을 하고 있는 것이 과연 그의 자유로운 선택인가 하는 데 의문을 제기할 필요가 있다. 그는 가능하다면 좀 더 보수가 좋은 곳으로 직장을 옮기려고 했을 것이다. 그러나 그런 직장을 찾을 수 없었다면, 그는 그런 조건에서라도 일하지 않을 수 없다. 이처럼 선택지가 없는 상황에서의 선택이 자유로운 것일까? 그런 선택은 어쩌면 강요된 것인지도 모른다. 명희의 큰오빠는 작업 환경이 형편없는 공장을 떠날 수 없고, 먹고 살기에도 힘든 임금을 감수할 수밖에 없다.

그의 삶은 전혀 자유롭지 않다. 그는 죽을 때까지 공장 노동자의 신분을 벗어나지 못할 것이다. 그에게 있어서 노동은 강요된 것이며, 삶은 고달프다. 무엇이 그를 이렇게 자유롭지 못한 삶을 살게 하는 것일까?

인간다운 삶이란?

『난장이가 쏘아 올린 작은 공』은 우리나라가 한참 경제 개발에 힘쓰던 박정희 대통령 시대를 배경으로 하고 있다. 우리나라가 오늘날 경제적으로 그나마 먹고 살 만해진 것이 박정희 대통령 때문이라고 하는 사람이 많다. 그러나 한편으로는 시골에서 무작정 도시로 건너와 공장에 취업해 공순이, 공돌이로 불리던 수많은 노동자들이 낮은 임금과 나쁜 작업 환경을 견디며 열심히 일하지 않았다면 우리나라는 경제 성장을 이루지 못했을 것이다.

당시의 어린 노동자들은 구로 공단의 공장이나, 청계천의 작업장에서 고된 노동에 시달렸다. 노동자들의 권리를 명시한 법이 있기는 했지만, 그 법은 현실적으로 아무런 힘을 발휘하지 못했다. 당시 정권은 노동자들이 작업 환경을 탓하거나 임금에 대해 불평하면 그만큼 경제 성장의 속도가 늦어질 것이라는 이유로 노동자들의 목소리를 외면했고 정책에 비판적인 태도를 취하는 지식인들도 곱게 보지 않았다. 1970년 스물두 살의 나이에 청계천에서 근로 기준법 화형식을 하면서 분신한 전태일 열사는 먼지로 가득 찬 다락방에서 십 대 소녀들이 하루 16시간씩 고된 노동에 시달릴 수밖에 없는 현실을 고발했다.(현재 복원된 청계천에는 전태일 기념상이 있다.)

그런데 자본주의가 자리 잡아 가던 19세기의 유럽은 아마도 박정희 대통령 시대의 우리나라 공장보다 더 상황이 끔찍했던 것 같다. 당시 노동 감독관의 보고서에는 신발도 신지 못한 어린아이들이 격심한 공장 노동에 시달리는 장면이 많이 나온다. 산업 혁명이 일어났던 영국은 가장 앞서 갔던 자본주의 국가였고, 프랑스가 그 뒤를 이었으며, 독일은 가장 뒤처진 나라였다. 하지만 사람들이 자본주의적인 현실에 의해서 고통을 받을 수밖에 없는 이유에 대해서 가장 많은 고민이 이루어졌던 나라는 바로 독일이었다.

카를 마르크스(Karl Marx, 1818~1883)가 대학에서 공부할 때 유행했던 사상은 독일의 위대한 사상가인 헤겔의 관념론이었다. 헤겔을 공부하던 젊은이들 가운데에는 현실 문제에 관심을 가졌던 사람들이 많이 있었다. 이들을 청년헤겔학파라고 불렀는데 그중에서 **포이어바흐**(Feuerbach, 1804~1872)라는 학자는 나름대로 독일의 민중들이 어려운 삶을 사는 원인에 대해 설명하려고 했다.

포이어바흐는 기독교를 싫어해서 모든 불행의 원인이 기독교라고 생각했다. 무신론자였던 그는 신이 인간을 만든 것이 아니라 인간이 신을 만들었다고 생각했다. 그런데 전지전능하며 완전무결한 존재인 신을 결점투성이인 인간이 어떻게 만들 수 있었을까? 포이어바흐는 인간이 결점이 많고, 유한하며, 불행하기 때문에 오히려 그렇게 완벽한 신을 만들어 낼 수 있었다고 주장한다. 그는 불완전한 인간일수록 완전한 신을 만들어 낸다고 말한다. 포이어바흐가 생각하는 신이란 인간이 자신의 결점, 불완전함, 악함, 불행함, 추함과 같은 온갖 부정적인 것을 끄집어낸 다음에 그것을 거꾸로 뒤집어서 만들어 낸 상상의 존재이다. 결점은 완전무결함으로 바뀌고, 악은 선으로, 불행은 행복으로, 추한 것은 아름다운 것으로 바뀌어 비로소 전지전능한 신의 모습이 완성된다. 이것을 헤겔식의 철학 용어로 말하면 자기 안에 있는 것을 바깥으로 끄집어냈다는 의미에서 '외화(外化)' 또는 자기의 것을 자기의 것이 아닌 것으로 만들었다는 의미에서 '소외(疏外)'라고 부른다. 결국 신이란 인간의 자기 소외인 것이다.

그런데 아무리 인간이 만든 것이라고 하더라도 신은 전지전능한 힘을 가진 존재이기 때문에 불완전한 인간보다 우월한 존재라고 할 수 있다. 그래서 결과적으로 신은 인간의 운명을 좌지우지하게 되고 인간은 자신이 만들었음에도 불구하고 신에게 복종할 수밖에 없는 상황에 놓인다. 이런 상황을 포이어바흐는 물신화(物神化)라고 불렀다. 물신화란 인간이 만든 것이 인간을 거꾸로 지배하게 된다는 뜻이다.

　포이어바흐에 따르면 현실을 사는 인간이 불행한 이유는 인간이 자기가 만들어 낸 신이라는 상상의 존재에 얽매여 현실을 개선할 힘을 상실했기 때문이다. 종교에 빠진 사람들은 이 세상을 살기 좋은 세상으로 바꾸려 하기 보다는 내세에서 행복하기를 원한다. 이런 태도를 취하는 한 현실의 인간은 완전해질 수도 행복해질 수도 없다.

　포이어바흐의 대안은 뜻밖에도 기독교의 교리와 같은 '사랑'이다. 그는 개별적인 인간은 모두 결점이 있고, 불완전하지만 인류를 전체적으로 본다면 그 결점들은 서로 보완될 수 있을 것이고, 그렇게 서로의 결점을 넘어설 수 있게 해 주는 것이 바로 사랑이라고 보았다. 사랑을 통해서 인간의 '**유적 본질**(類的本質)'[*]이 실현되면 인간은 이 세상에서도 행복해질 수 있다는 것이 포이어바흐의 생각이다.

　포이어바흐와 함께 어울렸던 **마르크스**는 인간이 불행한 이유가 종교에 있다는 그의 입장을 비판하긴 했지만, 그에게서

---

[*] **유적 본질** 인간을 개별적인 존재로서가 아니라 인류 전체라는 차원에서 볼 때 드러나는 인간의 본질을 뜻한다. 개별적인 인간은 개인의 이해관계 때문에 세상과 자신을 바라보는 관점이 제한적이지만, 인류 전체의 관점에서는 그런 한계를 극복할 수 있다.

'물신화'나 '유적 본질'과 같은 용어를 가져다가 자신의 이론을 전개하는 데 사용했다. 당시 노동자와 농민들의 힘겨운 삶을 보면서 마르크스도 인간이 왜 불행한 삶을 살 수밖에 없는지, 인간답게 산다는 것이 어떤 것인지를 고민했다.

인간다운 삶에 대해서 말하려면 인간이 본래 어떤 존재인지 설명해야 한다. 전통적으로 철학자들은 인간을 이성을 가진 존재라거나, 신에 의해서 창조된 피조물이라는 식으로 설명했다. 마르크스는 인간을 이렇게 개별적으로 완성된 존재로서 규정할 수 있다고 생각하지 않았다. 마르크스는 인간이 '사회관계의 총체'라고 보았다. 이것은 "인간의 본질이란 이러저러한 것이다."라고 말할 수는 없고, 다만 그가 속한 사회의 다양한 관계 속에서 그 인간이 어떤 존재인지를 비로소 말할 수 있다는 것이다. 이는 자연주의적이고 진화론적인 관점에서 인간을 바라보고 있는 것이라고 할 수 있다.

마르크스는 인간이 본질적으로 어떤 존재라고 말하는 대신, 인간은 역사를 통해서 스스로를 만들어 가는 존재라고 주장했다. 자연주의적인 관점에서 인간을 본다는 것은 인간도 동물과 마찬가지로 환경에 적응해 가면서 살 수밖에 없는 존재라는 것을 인정하는 것이다. 그러나 인간은 환경을 바꾸고 그럼으로써 스스로를 변화시킨다는 점에서 동물과 다르다.

이것은 인간이 처음부터 이성을 가진 존재이기 때문에 동물과 본질적으로 다른 존재라는 주장과는 다르다. 인간은 완성된 인간으로 존재하는 것이 아니라 인간이 되어 가는 도중에 있다.

그렇다면 인간이 동물과 달리 끊임없이 스스로의 완성을 향해 나아갈 수 있게 해 주는 것은 무엇일까? 마르크스는 그것을 다름 아닌 노동이라고 보았다. 노동하는 인간이 마르크스가 보는 인간의 모습이다.

노동은 인간으로 하여금 자연으로부터 오는 위협을 극복할 수 있게 해 주고, 자연의 힘을 이용할 수 있게 해 준다. 노동을 통해서 인간은 생활에 필요한 것들을 얻게 된다. 이렇게 의식주와 관련된 기본적인 욕구가 충족이 되면 인간은 더 나아가 문화적인 생활을 하고자 한다. 노동을 통해서 점차 동물적인 삶의 형태가 인간적인 삶의 방식으로 바뀌는 것이다. 노동을 통해서 인간은 스스로를 완성시켜 가며, 포이어바흐가 말했던 유적인 본질을 실현할 수 있는 단계로 나아간다. 인간은 자신이 힘들여 만든 것이 다른 사람에게 도움이 되는 것을 보는 데서 기쁨을 느낀다. 이런 삶이 마르크스가 생각했던 인간적인 삶의 모습이다.

그런데 현실 속의 인간들은 왜 노동이 그렇게 고통스럽게 여겨지고, 삶이 힘든 것일까? 포이어바흐는 인간이 불행한 이유를 인간이 신을 만들어 내고 오히려 그 신에게 지배당하고 있기 때문이라고 설명했지만, 마르크스는 거기에는 더 근본적인 이유가 있다고 생각했다. 인간다운 삶을 살게 해야 하는 노동이 오히려 인간으로 하여금 비인간적인 삶을 살게 하고, 생물학적인 욕구만을 충족시켜 동물적인 삶을 살게 하는 근본적인 이유는 바로 사적인 소유에 근거한 정치 경제적인 구조 때문이다.

모든 사람이 자기 능력에 맞게 일하고, 일해서 얻은 것을 자기가 실제로 필요한 만큼만 가지고 간다면 사람들은 노동을 그렇게 힘겹게 여기지 않고, 또 자기가 생산한 것을 다른 사람이 가져다 쓴다고 해서 억울하게 생각하지 않을지도 모른다. 그러나 고대 노예제 사회에서나 중세 봉건제 사회 같은 신분제 사회에서는 태어날 때부터 죽도록 일만 하지만 겨우 먹고살 만큼의 생산물만을 얻을 수 있는 사람들이 있는가 하면, 평생 일하지 않더라도 풍족하게 생활할 수 있었던 사람들이 있었다. 마르크스는 일하는 사람과 일하지 않는 사람이 생겨나서 사회가 불평등하게 된 원인을 사람들이 재산을 사적인 방식으로 소유하기 시작한 데서 찾고 있다.

노예제 사회에서는 노예가 주된 생산 수단이며, 봉건제 사회에서는 토지가 주요한 생산 수단이 되는데, 이런 생산 수단을 자신의 재산으로 가지고 있는 사람들은 굳이 일을 하지 않아도 저절로 재산이 불어났다. 일하는 사람과 일하지 않는 사람이 구분되면서부터 노동은 더 이상 인간이 삶의 기쁨을 찾을 수 있는 방법이 될 수 없었다.

이런 상황은 신분제가 철폐된 자본주의 사회에서도 마찬가지이다. 자본주의 사회의 주된 생산 수단은 자본이다. 자본을 소유하지 못한 사람은 자신의 노동력을 팔아서 살아갈 수밖에 없다. 이들이 아무리 일해도 간신히 의식주를 해결할 정도의 비참한 삶을 살 수밖에 없는 이유를 마르크스는 그들이 일해서 얻은 결과를 자본을 소유하고 있는 사람이 가져가는 것을 정당화하는 사회 구조 때문이라고 본 것이다.

열심히 일하는데 왜 형편이 나아지지 않을까?

마르크스가 문제가 있다고 생각한 사회 구조에 대해 좀 더 자세히 살펴보자. 그러기 위해서는 『난장이가 쏘아 올린 작은 공』에 등장하는 명희의 큰오빠나 전태일 열사의 고된 노동이 어떤 점에서 그들에게 삶을 고통스러운 것으로 만들었는지 생각해 볼 필요가 있다.*

먼저 그들의 노동은 그들이 하고 싶어서 하는 노동이 아니다. 그들은 단지 먹고살기 위해서 할 수 없이 공장에 나간다. 그들은 일하는 동안 행복을 느끼는 것이 아니라 스스로 불행하다고 생각하며, 자신의 자유로운 정신적 신체적 능력을 계발하기는커녕 자신의 에너지가 고갈되는 것을 느낄 뿐이다. 오히려 그들은 노동을 하지 않을 때 편안함을 느낀다. 이것은 그들의 노동이 일종의 강제된 노동으로서, 자기의 일이 아닌 다른 사람의 일을 하는 것이기 때문이다.

마르크스가 생각하는 노동이란 원래는 자연을 대상으로 하는 자유로운 인간의 행위이어야 한다. 인간은 단순히 먹고살기 위해서만 노동하는 것이 아니라 자신이 노동을 통해 만든 것을 가지고 자기 자신을 확인하며 스스로를 실현하기도 하는 것이다. 그런데 현실적으로 노동자들의 노동은 오로지 먹고살아야 한다는 동물적인 욕구를 충족시킬 수단으로서만 역할을 하고 있다.

그리고 무엇보다도 그들은 자신들의 노동을 통해서 얻은

---

* 여기에서 소개되는 내용은 마르크스가 '노동 소외'라는 용어로 설명한 것이다. 칼 마르크스, 『경제학–철학 수고』(이론과 실천, 1987), 58~68쪽.

생산물을 자신의 것으로 삼지 못한다. 노동자는 생산 수단을 소유하지 못하는 사람, 다시 말하면 생존을 위해서 자신의 노동력을 하나의 상품으로서 시장에 내놓아야 하는 사람이다. 자본주의 경제 체제에서 노동자의 노동력은 임금을 대가로 지불하는 생산 수단의 소유자, 곧 자본가의 것이 된다. 따라서 노동자의 노동을 통해서 얻게 되는 모든 생산물은 자본가의 것이 되는 것이다.

결국 노동자는 노동으로부터 소외되며, 노동의 대상인 자연으로부터 소외되고, 자신이 생산한 생산물로부터 소외되며, 최종적으로는 자신의 생산물을 향유하는 인간으로부터 소외된다.

자본주의적인 생산 노동은 기본적으로 상품을 생산하는 노동이다. 노동자들은 상품을 만들어 내지만 그 상품의 내용에 대해서는 잘 알지도 못하고 알 필요도 없다. 찰리 채플린의 「모던 타임스」라는 영화를 보면 주인공인 채플린이 나사를 조이는 일만을 하다가 사장의 부인이 나사처럼 생긴 단추가 달린 옷을 입고 나타나자 그 단추를 조이려고 달려드는 우스꽝스러운 장면이 나온다. 노동자는 마치 기계의 부품처럼 생산 라인의 한 요소일 뿐이며 노동을 통해 스스로를 실현하는 인간이 아니라는 것을 풍자하고 있는 것이다. 상품은 시장에서 교환 가치가 매겨져서 거래된다. 상품의 가치는 그것이 어떻게 사용되느냐 하는 것보다는 시장에서 얼마에 팔리느냐에 따라 정해진다. 이렇게 팔리는 상품은 곧 돈이 되고 그 돈은 자본가의 것이 된다.

그렇기 때문에 노동자들은 아무리 열심히 일해도 자신의 생활을 더 나아지게 만들 수는 없다. 그가 열심히 일하면 일할수록 부자가 되는 것은 자본가이며, 자본가의 힘이 커지면 노동자들은 자본가들이 시키는 대로 일을 할 수밖에 없는 상황에 놓이게 되는 것이다. 노동자와 자본가는 이렇게 이해관계가 서로 상충된다. 이런 상황을 마르크스는 자본주의의 근본적인 모순이라고 보았다.

노동자가 열심히 일을 하면 할수록 오히려 점점 더 살기 힘들어지는 상황을 마르크스는 우리가 위에서 언급한 '물신화'라는 용어를 통해 설명했다. 노동자는 열심히 일해서 상품을 만들어 낸다. 상품이란 노동자가 만들어 낸 것이다. 그러나 일단 이렇게 만들어진 상품, 곧 돈은 노동자의 것이 되지 않고 오히려 노동자를 꼼짝없이 고된 노동에 시달리게 하는 자본가의 힘이 된다. 이것은 포이어바흐가 인간이 신을 만들었지만 인간은 신에 의해 운명을 지배당한다고 본 것과 같다. 상품은 자본주의 사회에서는 신과 같은 지위를 누린다. 사람들은 돈을 벌기 위해 산다. 그렇지만 돈이 사람을 행복하게 해 주지는 않는다. 돈을 버는 것 자체가 목적이 됨으로써 사람들은 돈의 노예가 된다. 돈을 위해서라면 무슨 일이든지 서슴지 않는 사람들이 늘어나는 것은 사회에 물신화 현상이 퍼져 있기 때문이다.

원래 인간을 인간답게 살게 하는 수단이 되어야 할 노동이 왜 이렇게 인간의 삶을 힘들게 만드는 것일까? 마르크스는 그 모든 원인이 바로 사유 재산을 소유하는 데 있다고 보았다. 특히 생산 수단을 개인이 소유하기 때문에 인간 사회에 계급이 생겨나고, 사람들이 서로 자신들의 이익을 위해 싸우게 된다는 것이다. 그렇기 때문에 이런 문제를 해결하기 위해서는 생산 수단을 개인이 소유하는 것을 금지시키는 수밖에 없다. 그렇게 함으로써 마르크스는 소외된 노동이 제자리로 돌아오고, 자연과 인간으로부터 소외된 삶을 살아 온 노동자들은 자신들의 삶을 힘들게 만드는 모순으로부터 해방될 수 있다고 보았다. 더욱이 이런 노동자의 해방은 단지 노동자만의 해방이 아니라 전체 인간의 해방이라고 할 수 있다. 왜냐하면 마르크스는 자신의 것을 지키기 위해 다른 사람을 억압하거나 착취하는 것, 그리고 오로지 먹고살기 위해 노동하는 것은 인간의 참된 모습이 아니라고 보기 때문이다. 노동자건 자본가건 자본주의적인 경제 체제에서는 인간답게 살 수 없다.

그렇다면 어떻게 생산 수단을 개인이 소유하는 일을 중단시킬 수 있을까? 어떤 자본가도 자신의 재산을 내놓으라는 주장에 순순히 응하지는 않을 것이다. 유일한 방법은 노동자, 즉 프롤레타리아 계급의 혁명이다. 혁명을 통해서 자본주의는 사회주의로 이행될 것이다. 혁명이란 모든 것이 새로운 토대 위에서 건설된다는 것을 의미한다. 마르크스에 따르면 자본주의 국가나 그 국가의 법률, 제도 등은 자본가의 이익을 위한 장치들에 불과하다. 그런 것들을 마르크스는 상부 구조라고 불렀는데, 한 사회의 생산 관계가 바뀌게 되면 그런 것들도 새롭게 바뀔 수밖에 없다. 마르크스는 이런 변화의 과정이 인류의 역사에서 거듭되고 있으며, 그런 변화를 통해서 인류의 역사는 발전해 나간다고 보았다.

마르크스가 모든 악의 근원이라고 본 사유 재산이 폐지된 세상, 인간의 해방이 이루어진 세상에서 사람들은 어떤 삶을 살 수 있을까? 사실 마르크스는 그런 세상의 삶에 대해서는 별로 언급한 적이 없다. 그의 유명한 『자본론』에도 공산주의의 모습을 그리고 있는 대목은 없다. 다만 그의 초기 저서 가운데 하나인 『독일 이데올로기』라는 책에서 마르크스는 해방된 인간의 삶의 모습을 매우 낭만적으로 그리고 있을 뿐이다. 거기서 마르크스는 인간이 "아침에는 사냥을, 오후에는 낚시를, 저녁에는 목축을, 밤에는 비판을 할 수 있게 된다."*고 쓰고 있다.

이런 마르크스의 상상은 자본주의하의 노동이 철저히 분업화되어 있다는 것에 대한 비판에서 나온 것이다. 그가 꿈꾸었던 세상에서는 육체노동과 정신노동이 구별되지 않을 뿐 아니라 노동과 여가가 구분되지 않는다. 사람들의 노동은 창조적인 활동이 되며, 거기에서는 가진 자와 가지지 못한 자가 구분되지 않는다. 인간이 다른 인간을 억압하거나 착취하지 않을 뿐 아니라 자연과 인간의 관계도 서로 대립되지 않는다. 이렇게 모두가 평등하게 각자의 선을 실현하려고 애쓰는 세상이 바로 마르크스가 해방된 인간의 평등한 세상이라고 꿈꾸었던 세상이다.

사회주의는 왜 실패했을까?

우리가 앞에서 살펴본 노직은 자유와 평등은 결코 양립할

---

* 칼 마르크스 · 프리드리히 엥겔스, 김대웅 옮김, 『독일 이데올로기I』(두레, 1989), 75쪽.

수 없으며, 자유가 평등보다 중요한 가치라고 주장했다. 노직은 자본주의 사회의 시장이 공정한 획득과 공정한 양도에 의해서 운영이 되는 한, 불평등한 결과가 발생하더라도 그것은 각 개인의 자유를 보장하기 위해서는 어쩔 수 없는 일이라고 생각했다. 국가가 개입해서 불평등한 상황을 억지로 바꾸려고 할 경우 더 좋지 않은 상황이 닥칠 수 있다고 본 것이다. 반면 롤스는 자유에 대한 권리를 우선적으로 인정하되 사회적인 약자들이 최대한 피해를 입지 않을 수 있는 방법에 대해 고민했다. 노직은 이러한 롤스의 입장이 국가가 개인의 권리를 침해하는 것을 허용하기 때문에 바람직하지 않다고 비판했다.

노직의 입장과 가장 멀리 떨어져 있는 사상가는 아마도 마르크스일 것이다. 마르크스는 시장 원리에 의해서 운영되는 자본주의 사회가 진정한 자유를 보장해 준다고 생각하지 않았다. 마르크스의 관점에서 자본주의 사회의 자유란 단지 상품을 살 수 있는 자유를 말할 뿐이다. 그러나 값비싼 물건들을 살 수 있다고 해서 그 사람이 진정으로 자유로워지는 것은 아니다. 남들이 살 수 없는 것을 사는 사람들은 순간적으로 우월감을 느낄 수는 있다. 오늘날 상품 광고를 보면 소위 명품을 사는 행위가 자신이 남들보다 우월한 존재라는 것을 확인하는 행위라고 선전한다. 이런 것은 나와 남을 떼어서 생각함으로써 얻는 우월감이므로 바람직한 것이 아니다. 마르크스가 인간이 '유적 존재'라고 말한 것은 나와 남이 하나가 됨으로써 행복감을 느끼는 존재가 인간의 본질이라고 지적한 것이다.

자본주의적인 시장이 우리에게 가져다주는 자유는 따라서 진정한 자유가 아니다. 마르크스의 관점에서는 사람들 사이에 불평등한 관계가 존재하는 한 진정한 자유는 없다. 나와 사회의 이익이 상충되고, 계급이 서로 싸우고, 개인들이 자신의 이익을 위해서 서로를 밟고 일어서려는 한 자유는 없는 것이다. 모든 사람이 저마다 하고 싶은 일을 할 수 있는 사회에서 비로소 인간은 자유로워지는 것이다. 그런 사회를 만들기 위해 마르크스는 생산 수단의 사적인 소유를 없애고, 이를 통해 계급이 존재하지 않는 평등한 세상을 만들 것을 제안했다. 이런 관점에서는 자유와 평등이 대립하는 것이 아니라 동전의 양면이라고 할 수 있다. 평등한 세상에서만 자유로운 인간이 존재할 수 있다는 것이다.

이런 생각은 자본주의 사회의 모든 시스템을 부정하는 참으로 대담한 발상이다. 그런데 이 대담한 생각은 20세기에 실제로 시도되었다. 레닌이 러시아 혁명을 성공시키자 중국이 얼마 안 있어 공산화되었고, 또한 동유럽의 여러 나라들이 사회주의 국가가 되었다. 그러나 이 실험은 실패로 끝났다. 1980년대 러시아의 대통령이었던 고르바초프가 소련의 개혁과 개방을 이끌었고, 베를린의 장벽이 무너지면서 세계의 거의 모든 사회주의 국가가 자본주의에 손을 들었다.

 왜 이런 일이 벌어진 것일까? 생산 수단의 사적인 소유를 없애는 것은 국가가 생산, 유통, 분배를 모두 떠맡는 계획 경제를 한다는 것을 의미한다. 사회주의자들은 이를 통해 자본주의 시장에서 발생하는 낭비적인 요소를 없앰으로써 경제를 효율적으로 운영할 수 있을 것으로 생각했다. 하지만 오히려 수요와 공급을 계획하고 관리하는 데 너무나도 많은 비용이 들어가게 되었다. 뿐만 아니라 사람들에게 열심히 일하지 않아도 먹고 살 수 있다는 생각을 심어 줌으로써 생산성을 떨어뜨렸다. 또 모든 것을 중앙 정부에서 계획했기 때문에 관료들의 힘이 커지고, 결과적으로는 일반인들의 목소리가 정책에 반영되지 않는 비민주적인 사회가 되었다. 그러자 사람들의 경제적인 삶의 질이 형편없이 낮아졌고 사회주의 국가들은 자본주의 시장 원리에 무릎을 꿇을 수밖에 없었다.

 이런 사회주의의 실패는 인간이 계획한 이상을 얼마나 현실적으로 실현할 수 있을까 하는 물음을 갖게 한다. 인간은 자신의 삶을 이성적인 계획에 따라 완전히 통제해 나갈 수 없다. 살다 보면 수많은 우연적인 일들이 발생하기 때문이다. 자본주의의 시장도 비슷하다. 시장을 통제하거나 예측할 수 있는 사람은 없다. 만약에 그런 사람이 있다면 그는 굉장한 부자가 될 것이다. 시장에는 흔히 자생적인 질서가 있다고 말한다. 이 말은 인간이 아무리 이성적이고 과학적인 방법을 동원하더라도 우연적인 요소를 모두 알아낼 수 없다는 뜻이다.

사회주의의 실험은 이런 시장의 자생적 질서를 인간의 이성으로 극복할 수 있다고 자만했기 때문에 경제적으로나 정치적으로 좋지 않은 결과를 낳았고 그래서 실패했다고 말할 수 있다. 그러나 그렇다고 해서 시장 원리가 좋은 것이라고 결론을 내릴 수는 없다. 시장은 경쟁을 바탕으로 움직이기 때문에 무자비한 면이 있다. 시장은 불행한 희생자들이 생겨난다고 해서 그들을 배려하지 않는다.

마르크스의 사상에 입각한 사회주의의 실험은 실패했지만, 이러한 시도는 인류에게 합리적인 이성의 한계와 시장의 무자비한 자생적 질서 사이에서 올바른 길을 찾아야 한다는 교훈을 남겼다고 할 수 있다. 다음에 살펴볼 하버마스는 이 교훈을 진지하게 고민한 철학자이다.

5

과학 기술이 발달하면 인간은 **행복**해질까?

- 물질적인 풍요와 행복은 같은 것일까?
- 우리는 있는 그대로의 세상을 볼 수 있을까?
- 우리는 정말 민주주의 사회에 살고 있는가?
- 대화를 통해 현실을 바꿀 수 있을까?

물질적인 풍요와 행복은 같은 것일까?

우리가 처음에 살펴본 홉스와 로크의 경우도 그렇지만, 근대의 사상가들에게서 나타나는 특징 가운데 하나는 인간이 가진 이성의 힘을 믿는다는 것이다. 거기에는 그럴 만한 이유가 있다.

서양의 중세는 기독교가 지배했던 시대였는데, 근대에 접어들면서 과학이 점차 발달하게 되자 사람들은 인간이 가진 능력을 다시 보게 된 것이다. 사람들은 인간이 스스로의 힘으로 이 세상의 근본적인 법칙이나 원리를 알아낼 수 있다고 믿게 되었다. 과학적인 지식이 쌓이다 보면 언젠가는 우주의 모든 것을 알 수 있게 될 것이고, 그렇게 되면 사람들은 자연의 지배자가 되어 살기 좋은 세상을 스스로의 힘으로 만들 수 있으리라고 믿게 된 것이다. 이런 생각을 **계몽주의**라고 한다.

마르크스도 어떤 면에서 보면 계몽주의자의 한 사람이다. 그는 자본주의 사회가 움직이는 원리를 이성을 통해서 알 수 있다고 생각했다. 또한 그는 인간의 역사가 발전해 나가는 법칙도 이성적인 눈으로 보면 알 수 있다고 생각했다. 마르크스의 사상을 계승한 사회주의권의 통치자들 역시 국가 전체가 얼마나 생산해야 하고 그것을 어떻게 분배해야 하는지 과학적으로 계산해 낼 수 있다고 생각했다는 점에서 극단적인 계몽주의자라고 할 만하다. 그러나 사회주의자들의 실패는 그들이 그렇게 믿었던 이성이 우리가 원하는 모든 것을 이루어 주는 마법 램프가 아니라는 것을 보여 준다.

하지만 이런 식의 계몽주의는 과학 기술의 발달을 통해서 우리가 행복해질 수 있다는 사람들의 믿음 속에 여전히 살아 있다. 요즘은 하루가 다르게 새로운 전자 제품들이 쏟아져 나온다. 인터넷의 발달은 전 세계 사람들을 시간과 공간에 구애받지 않고 서로 소통할 수 있게 해 주었다. 교통수단이 발달하면서 거리는 점점 짧아지고, 물건과 사람이 예전에는 상상할 수 없을 정도로 빨리 이동할 수 있게 되었다. 로봇 청소기나 식기세척기 등이 실용화되어서 가사 노동도 한층 간편해졌다. 한편, 의료 기술이 발달해서 사람들의 평균 수명도 많이 길어졌다. 유전 공학이 발달하면 대부분의 질병이 정복되어 사람들의 수명이 200~300년 정도로 늘어날지도 모른다. 생활은 확실히 편리해졌고, 사람들의 물질적인 삶은 한층 풍요로워졌다.

세상이 이렇게 살기 좋아졌으니 그만큼 사람들이 행복해졌다고 할 수 있을까? 얼마 전 텔레비전에서 벼락부자가 되었지만 돈 때문에 불행해진 사람들의 사연을 다룬 적이 있다. 로또에 당첨되어서 비싼 자동차와 넓은 아파트를 사고, 원하는 대로 돈을 썼지만 결국에는 이혼을 하거나, 토지 보상금으로 엄청난 돈을 받았지만 고향을 떠나야 한다는 것 때문에 다른 식구들과 갈등을 빚다가 자살을 한 사람이 소개되었다. 물론 돈이 많아져서 행복해진 사람도 많을 것이다. 하지만 이런 사례들은 행복해지기 위해서 돈이 반드시 필요한 것은 아니라는 것을 말해 준다.

과학 기술의 발달이 우리에게 가져다주는 풍요로움과 편리함도 비슷한 면이 있다. 으리으리한 집에 비싼 가전제품들을 갖추고 살더라도 식구들과 따뜻한 대화 한마디 나누지 않는 가정과 비록 허름한 집에서 살지만 오순도순 사이좋게 지내는 가정이 있다면 어느 쪽이 더 행복한 가정일까?

인간의 생활을 더 편리하게 하고, 물질적으로 풍요롭게 해 주는 과학적 이성만 가지고서는 인간이 행복해질 수 없다는 것, 거기에는 또 다른 종류의 이성이 필요하다는 것이 우리가 이제 살펴볼 하버마스의 생각이다.

우리는 있는 그대로의 세상을 볼 수 있을까?

학생들에게 과학 기술이 무엇이냐고 물으면 많은 학생들이 '양날의 칼'이라는 비유를 사용해서 과학 기술의 특징을 설명하려고 한다. 인간이 생활의 편리를 위해 올바로 이용하면 과학 기술은 좋은 것이고, 나쁜 의도를 가지고 이용하려고 하면 그것은 인간에게 큰 재앙을 가져올 수도 있는 위험한 도구라는 것이다. 이런 식의 대답은 과학 기술은 가치 중립적이라는 생각을 전제하고 있다. 과학 기술이 가치 중립적이라는 말은 그 자체로서는 좋은 것도 아니고 나쁜 것도 아니라는 말이다. 그래서 그것을 사용하는 사람이 그것을 좋은 것으로 만들 수도 있고 나쁜 것으로 만들 수도 있다는 뜻이다.

과학 기술이 가치 중립적이라고 보는 시각은 과학적 지식이 순수하게 사실에 관한 지식이라는 생각을 담고 있다. 이렇게 사실과 가치의 영역을 명확히 구분하고 과학을 사실의 영역에 관한 학문이라고 보는 관점을 **실증주의**라고 부른다. 이런 실증주의적인 태도는 자연을 탐구하는 우리의 능력인 이성이 우리의 주관적인 관심이나 선입견을 벗어나서 객관적으로 참과 거짓을 가릴 수 있는 능력이라고 보는 데서 성립한다.

그러나 정말 우리는 있는 그대로의 사실을 보고 있으며, 또 그런 것을 과연 볼 수가 있는 것일까? 예를 들어 상점이 밀집해 있는 명동 거리에서 데이트 중인 남녀가 걷고 있다고 해 보자. 마침 남자는 배가 고팠고, 여자는 며칠 전부터 구두를 하나 사야겠다고 생각하고 있었다. 둘은 이런저런 이야기를 나누며 수많은 인파를 헤치면서 걷다 보니 어느새 명동 골목을 빠져 나오고 말았다. 이 남녀에게 명동 거리에 어떤 상점이 있더냐고 물어본다면 남자는 설렁탕집이나 우동 전문점 같은 식당이 있었다고 대답할 것이고, 여자는 구두를 파는 가게들에 대해 말할 것이다. 그밖에 또 어떤 상점들이 있었느냐고 묻는다면 아마도 이들은 대답을 잘 못할 것이다. 이것은 우리가 어떤 대상을 볼 때 있는 그대로를 보는 것이 아니라 각자가 가진 관심에 따라서 본다는 것을 말해 준다.

하버마스(Jurgen Habermas, 1929~)는 실증주의가 사실과 가치를 분리하고, 과학이 순수한 사실을 인식한다고 보는 것은 잘못이라고 비판했다. 하버마스는 오히려 우리가 어떤 관심을 가지고 있기 때문에, 그 관심에 따라서 대상을 인식하게 된다고 보았다. 자연 과학이나 과학 기술의 영역에서도 마찬가지다. 우리가 자연을 연구하고 과학 기술을 발전시킬 수 있는 것도 우리가 자연의 힘을 이용해서 편리하게 살려고 하는 마음을 가지고 있기 때문이다. 실증주의자들은 자연에 대한 인식도 이런 관심 위에서 이루어진다는 것을 깨닫지 못했다. 이런 태도는 과학 기술을 누가 왜 어떤 방향으로 발전시키고 있는가 하는 것에 대한 물음을 던지지 않기 때문에 위험한 결과를 초래할 수 있다. 과학 기술의 발달을 이끌어가고 있는 근본적인 관심에 대한 반성이 없이 그저 맹목적으로 과학적인 지식이 제시해 주는 대로 연구를 진행해 나가는 것은 우리 모두를 파멸시킬 수도 있다. 실제로 과학 기술의 시대라고 일컬어지는 20세기에 과학자들은 지구를 수십 번 멸망시킬 수 있는 양의 핵무기를 만들어 냈다. 그래서 우리는 과학 기술의 발달을 아무 생각 없이 보고 있을 것이 아니라 인류가 역사적으로 왜 그런 과학 기술을 발달시켜 왔는지를 물으면서 비판적으로 생각해 볼 필요가 있다.

하버마스는 마르크스와 마찬가지로 인류의 역사를 자연사적인 과정으로 보고 있다. 그는 인류의 역사가 신의 섭리에 따라 진행되는 것이 아니라 인간들이 실천을 통해 스스로 만들어 가는 것이라고 생각했다. 예나 지금이나 사람들의 공통된 관심사는 어떻게 하면 좀 더 자유롭고 행복한 삶을 살 수 있는가 하는 것이다. 그런 삶을 살기 위해서 인류는 자유를 억압하는 것들을 극복해 나가려는 실천적인 노력을 해 왔다. 하버마스에 의하면 그런 노력은 크게 두 가지 영역에서 이루어진다.

우선 인간은 마르크스가 지적했듯이, 자연환경에서 살아남기 위해서 노동을 하지 않을 수 없다. 노동을 통해서 인간은 자연물로부터 생활에 필요한 것들을 얻게 된다. 노동을 할 때 사람들은 어떻게 하면 좀 더 편하게 일하면서도 자연으로부터 더 많은 것을 얻어낼 수 있을까를 궁리하게 된다. 그러기 위해서는 자연에 대해서 잘 알고 있어야 한다. 동굴에서 살면서 무리지어 사냥을 하며 살았던 원시인들을 한번 생각해 보자. 이들에게는 모든 자연 현상들이 아마도 두려움의 대상이었을 것이다. 천둥이 치고 벼락이 떨어지거나 하면 이들은 목숨을 잃게 될까 두려워 벌벌 떨었을 것이다. 일식이 일어나 대낮에 갑자기 해가 사라지고 어두워지면 이들은 아마도 세상이 망하지 않을까 걱정했을지도 모른다. 그렇지만 과학이 발달한 오늘날에는 그런 자연 현상을 보고 놀라거나 두려워하는 사람은 없다. 그것은 인간의 과학 기술이라는 것이 자연의 법칙을 파악하고 자연의 힘을 인간이 이용할 수 있는 형태로 바꾸어 주었기 때문이다.

하버마스는 인간이 자연을 대상으로 노동하고 탐구하는 영역을 기술적 관심의 영역이라고 보았다. 여기서 문제되는 것은 어떻게 하면 효율적으로 생산물을 얻어 내느냐 하는 것이다. 최소한의 노력으로 최대한의 결과물을 얻어 내는 것이 기술적인 관심에서 가장 중요한 것이다. 사람들은 노동을 하면서 설정된 목적을 가장 효율적으로 달성하기 위한 수단을 찾아내려는 노력을 끊임없이 해 왔다. 그런 행위를 하버마스는 목적 — 합리적 행위라고 불렀다. 이 목적 — 합리적 행위가 잘 이루어지려면 자연 대상에 대해 잘 알고 있어야 한다. 자연의 힘을 효율적으로 이용하려는 관심에서 자연의 법칙을 연구하는 자연 과학이 생겨났다. 이런 식으로 보면 과학 기술자들이 순수하게 자연의 진리를 발견하기 위해 연구한다고 보는 실증주의적인 관점은 잘못된 것이다. 과학 기술은 인간이 자연의 공포로부터 벗어나 물질적으로 더 풍요로운 생활을 하고자 하는 근본적인 관심을 바탕으로 발전해 온 것이다. 이런 인간의 목적 — 합리적 행위를 발달시켜 온 인간의 능력을 하버마스는 목적 달성을 위한 가장 효율적인 도구를 찾아내는 능력이라는 의미에서 도구적 이성이라고 불렀다.

그런데 인간이 잘 살기 위해서는 자연의 위협과 공포로부터 벗어나는 것만으로는 부족하다. 천국과 지옥의 차이에 대한 유명한 묘사가 있다. 지옥에 사는 사람들은 팔이 굽혀지지 않는 상태에서 양손에 사과를 하나씩 쥐고 있었다. 배가 너무 고파서 손에 쥔 사과를 먹어야겠는데 팔이 구부러지지 않으니 먹을 수가 없었다. 그들은 배고픔과 욕구 불만 때문에 인상을 찌푸리면서 서로 다투었다. 그렇다면 천국의 사람들은 팔을 마음대로 움직일 수 있는 사람들일까? 뜻밖에도 천국에 사는 사람들도 사과를 쥔 팔을 구부릴 수 없었다. 그런데도 불구하고 그들은 얼굴에 웃음을 띠고 사이좋게 지내고 있었다. 비결은 자신이 손에 쥔 사과를 다른 사람에게 먹여 주는 것이었다.

이 이야기의 교훈은 무엇일까? 그것은 우리가 아무리 손에 좋은 것을 가지고 있어도 다른 사람들과 서로 대화하고 돕지 않으면 결코 행복해질 수 없다는 것이다. 다른 사람의 고통을 이해하려고 하고, 또 자기 자신의 문제를 다른 사람에게 알려 도움을 청하는 노력이 없이는 사람들은 행복해질 수 없다. 사람과 사람 사이의 이런 관계를 잘 유지해 나가고자 하는 인간의 관심은 노동의 영역에서 이루어지는 기술적 관심과는 성격이 다르다. 기술적 관심은 가장 효율적인 도구를 찾는 관심

인데 반해, 이런 관심은 다른 사람을 이해하고 서로 인정해 주고자 하는 관심이다. 하버마스는 이것을 실천적 관심이라고 부르고 이런 관심을 바탕으로 이루어지는 인간의 행위를 사람과 사람 사이에서 일어나는 행위라고 해서 상호 작용이라고 불렀다. 사람 사이의 상호 작용은 일방적인 관계가 아니라 서로 간의 이해를 바탕으로 이루어진다. 사람들이 서로 이해하기 위해서는 대화를 통해 의사소통을 할 필요가 있다. 사람들이 서로를 인정하면서 사회적인 생활을 잘 유지할 수 있게 하고자 하는 관심에서 발달해 나온 것이 바로 의사소통적 이성 또는 의사소통적 합리성이다.

하버마스의 이론에서 가장 독창적인 부분은 바로 의사소통적 합리성을 강조했다는 점이다. 의사소통 행위가 이루어지는 영역은 노동의 영역과 다르다. 그것은 기본적으로 사람과 사람의 대화를 통해 이루어진다는 점에서 언어적인 영역이라고 할 수 있다. 인간이 역사적으로 제도와 사회 규범을 만들어 온 것은 바로 이 영역인데, 그런 제도와 규범이 어떻게 형성되느냐에 따라서 사람들의 삶은 고달파지기도 하고 자유로워지기도 한다. 언어적인 영역에서 사람들의 관심은 다른 사람들에게 억압을 받거나 착취당하는 일을 어떻게 하면 없앨 수 있는가 하는 것이다. 이런 관심에서 사람들은 인간의 사회를 연구하는 사회 과학이나 인문학을 발전시켜 왔다.

하버마스가 볼 때 마르크스의 가장 큰 문제점은 이런 실천적 관심에 의해서 이루어지는 의사소통적 합리성의 영역이 노동의 영역과는 별개로 존재한다는 것을 간과한 데 있다. 마르크스는 인간의 역사가 발전해 나가는 데 있어서 가장 큰 역할을 하는 것은 바로 인간의 노동이고, 생산력이 크게 증가하게 되면 그 결과 인간의 사회 제도나 규범이 바뀌게 될 것이라고 보았다. 하버마스는 이런 마르크스의 관점이 어떤 면에서 더 중요한 인간의 상호 작용의 영역을 올바로 파악하지 못한 것이라고 생각한다.

우리는 정말 민주주의 사회에 살고 있는가?

인간이 역사를 만들어 나가며 인류 역사의 방향이 사람들이 모두 자유롭고 평등하게 사는 세상을 향해 있어야 한다고 생각한 점에서 하버마스는 마르크스의 역사에 대한 생각을 많이 받아들였다. 기술적 관심을 가지고 더 효율적이고 풍요로운 세상을 만듦과 동시에 실천적인 관심을 가지고 사람이 다른 사람에게 억눌리거나 무시당하지 않는 삶을 살 수 있는 세상을 만들어 온 것이 인간의 역사이다. 인간의 근본적인 이 두 가지 관심은 자세히 살펴보면 더 근본적인 관심에 바탕을 두고 있다. 그것은 바로 인간을 억압하는 모든 힘으로부터 벗어나 자유롭게 되고자 하는 관심이다. 이것을 하버마스는 해방적 관심이라고 불렀다.

바깥으로는 인간을 위협하는 자연의 힘으로부터, 안으로는 인간에 의한 인간의 지배로부터 벗어나고자 하는 것이 인류의 해방적 관심이다. 마르크스는 인간의 해방이 생산력이 크게 발달해서 모든 사람들이 먹고살 걱정이 없게 되는 상황이 오면 이루어질 것이라고 생각했다. 그는 역사의 발달 과정도 생산력의 발달 과정과 일치한다고 보았다. 그러나 하버마스는 인간과 인간의 관계를 규정하는 제도나 법률, 관습 같은 것을 바꾸려면 노동의 영역에서 힘을 발휘하는 도구적 이성이 아닌 의사소통적 이성이 필요하다고 생각했다.

마르크스는 생산 도구의 발달에 따라 인류의 역사를 단계별로 구분했다. 고대 노예제, 중세 봉건제, 근대 자본주의는 각각 그 시대에 주로 어떤 도구를 사용했는가를 봄으로써 구분이 가능하다는 것이다. 하버마스가 볼 때 이런 관점은 역사를 너무 단순하게 바라본 측면이 있다. 하버마스는 역사를 둘로 나눈 인간의 행위 영역 중 어느 쪽이 더 힘을 발휘했느냐에 따라서 구분한다. 예를 들면 전통 사회는 상호 작용의 영역이 목적 — 합리적 행위 영역보다 우월했던 시기이다. 당시에는 종교적인 세계관에 따라서 경제적인 생산과 분배의 문제가 불평등하게 이루어졌다. 근대 자본주의 사회는 이 관계가 뒤집혀서 목적 — 합리적 행위가 우선적인 것이 되어서 사회의 제도나, 사람들의 관계가 모두 목적 — 합리적인 행위의 규범에 따르도록 변화된다. 근대의 합리화 과정이란 일상적인 생활의 모든 요소들이 도구적 합리성의 요구에 따라 변화되어 가는 과정이다. 기업이나 관공서에서 구조 조정을 통해 업무를 효율적으로 만들고 생산성을 높이려는 것이 그 한 예이다. 회사는 사원들이 일을 더 잘할 수 있게 시스템을 개발하여 관리하고 능력이 없다고 생각되는 사원들을 해고한다. 여기서 사람은 이해의 대상이 아니라 목표를 효율적으로 달성하기 위한 수단으로서 관리되는 것이다.

오늘날의 사회는 이미 근대 자본주의 시대를 벗어나 후기 자본주의 내지는 탈산업 사회의 영역에 들어섰다. 이 단계에서는 목적 — 합리적 행위와 상호 작용의 영역이 뒤섞여서 서로 구분이 되지 않는다. 그 주된 이유는 목적 — 합리적 행위의 영역에 있다고 할 수 있는 과학 기술이 국가를 통치하는 정치적인 이데올로기가 되고 있기 때문이다. 오늘날에는 과학 기술의 객관성을 의심하는 사람이 별로 없기 때문에 아무리 납득하기 힘든 의견이라도 그것이 과학적인 근거를 가지고 있다고 하면 사람들이 대체로 받아들인다.

하버마스가 볼 때에는 이런 상황이야말로 민주주의의 위기라고 할 수 있는 상황이다. 우리 사회도 황우석 박사 사건을 통해서 과학 기술과 국가주의가 어떻게 연결될 수 있는지 이미 경험했다. 국민들은 줄기세포 기술이 대한민국의 기술이라는 그의 말에 열광하고 자랑스러워했다. 대통령을 비롯해서 여야의 거의 모든 정치인들이 황우석 박사와 악수하고 사진을 찍기 위해 줄을 섰다. 왜 그랬을까? 그것은 오늘날 과학 기술이 이미 순수한 의미의 과학 기술이 아니기 때문이다. 과학 기술은 정치인들이 국민에게 행복한 삶에 대한 환상을 심어 주기에 가장 적합한 정치적 수단이 되었다.

하버마스가 이런 상황을 민주주의의 위기라고 생각하는 이유를 이해하기 위해서는 민주주의라는 말의 의미를 되새겨 볼 필요가 있다. 민주주의란 자신의 생각을 가진 자율적인 개인들이 모여 정치적인 의견을 표현하고 다른 사람들과 토론을 해서 가급적이면 모든 사람을 위한 정책이나 제도를 만들어 나가는 것이다. 그런데 오늘날의 상황은 과학 기술이 우리를 행복하게 해 줄 것이라는 주장이 일상생활에까지 깊숙이

침투해서 그런 정치적인 의사소통과 토론을 할 기회를 처음부터 없애 버린다. 정치적인 의사소통을 과학적인 조사, 분석이 대신하는 것이다. 오늘날의 여론 조사는 그런 점에서 민주주의를 발전시키는 것이 아니라 오히려 민주주의의 정당성을 위협한다.

사람들은 광고에 나오는 최첨단 컴퓨터, 텔레비전, 세탁기, 냉장고만 갖추고 살면 그것을 광고하는 행복한 이미지의 대중 스타처럼 자신도 행복한 삶을 살 수 있을 것이라고 믿는다. 그러나 이런 태도는 민주적인 시민의 태도는 아니다. 하버마스가 속했던 프랑크푸르트학파*의 철학자들은 스포츠, 섹스 산업, 영화 같은 현대의 상업적인 대중문화가 사람들의 자율적인 판단 능력을 떨어뜨려 사람들을 정치적으로 이용하기 쉬운 우매한 대중으로 만든다고 비판한 적이 있다. 한 사회의 구성원들이 무엇이 옳은 정책이고, 제도인지를 스스로 생각하고 판단할 힘을 갖지 못한다면 그 사회는 민주주의적

---

* **프랑크푸르트학파** 1930년대 이후에 호르크하이머가 프랑크푸르트의 사회 연구소를 지도하기 시작한 후 이 연구소를 중심으로 활약한 철학자들과, 제2차 세계 대전 후에 재건된 동 연구소에서 배출된 연구자들을 가리킨다. 중심 인물은 호르크하이머, 아도르노, 마르쿠제, 벤야민, 프롬, 하버마스, 슈미트 등이 있다. 독자적인 마르크스주의적 성격을 띤 근대 문명 비판을 특색으로 하며 그 업적은 다방면에 미치고 있다.

인 사회라고 할 수 없을 것이다. 그런 사회에서 사람들은 자신들이 어떤 지배적인 힘에 의해 조작당하고 이용당하더라도 그런 사실을 깨닫지조차 못하고 살아갈 것이다.

오늘날 민주주의의 위기는 사람들이 자신의 의견이 아닌 것을 자신의 의견인양 착각하고 살고 있다는 데 있다. 하버마스는 이런 상황이 의사소통 구조가 왜곡되어 생긴다고 말한다. 우리가 일상적으로 사용하는 말 속에 이미 어떤 정치적인 메시지들이 교묘하게 숨어 있어서 우리 자신도 모르게 우리는 이미 어떤 잘못된 판단을 하고 있을 수가 있다는 것이다.

만약 우리가 의사소통을 할 때 사용하는 언어 자체가 왜곡되어 있어서 우리가 잘못된 의견을 갖거나 판단을 내리고 있는 것이라면 우리는 이런 상황을 어떻게 극복할 수 있을까? 하버마스는 우리의 말을 비판적으로 잘 따져 보면 그 속에 감추어진 잘못된 것들을 찾아 낼 수 있다고 생각한다. 그렇게 우리 말 속에 들어 있는 거짓된 요소를 발견해 내는 방법을 하버마스는 '보편화용론'이라고 불렀다.

화용론*이란 원래 언어에 관한 이론의 하나로서 말하는 사

---

* **화용론** 말하는 이, 듣는 이, 시간, 장소 따위로 구성되는 맥락과 관련하여 문장의 의미를 분석하는 언어학의 한 분야이다.

람들 사이의 관계를 통해 언어를 연구하는 학문이다. 하버마스가 말하는 보편화용론은 우리의 언어가 잘못되어 있어서 사람들 사이의 의사소통이 제대로 이루어지지 않고 사람들이 서로를 올바로 이해하지 못하는 상황에서라도 진지한 대화를 지속해 나간다면 결국에는 진정한 이해에 도달할 수 있다는 것을 이론적으로 밝히고자 하는 이론이다. 하버마스는 우리 언어가 아무리 왜곡되어 있더라도 그 안에는 이미 우리를 보편적인 이해로 인도해 줄 수 있는 합리성이 들어 있다고 생각한다. 하버마스는 사람들이 언어를 사용한다는 것 자체가 모든 사람이 합의할 수 있는 보편타당한 근거가 있다는 것을 의미한다고 주장한다. 사람들이 대화를 할 때 상대방이 이해할 수 없는 방식으로 말하거나, 거짓된 내용을 전달하거나, 옳지 않은 것을 옳다고 우기거나, 장난삼아서 말할 경우에는 결코 대화가 지속될 수 없을 것이다. 그런 의미에서 말 속에는 이미 사람들이 보편적인 진리를 찾아갈 수 있는 근거들이 들어 있다.

  우리가 살고 있는 사회가 자율적인 시민들의 의견에 바탕을 두고 운영되는 사회가 아니라면, 우리는 민주주의적인 사회에 살고 있다고 말할 수 없다. 그래서 오늘날 가장 중요한 문제는 사람들이 진지하게 의견을 교환하고 해결해야 할 문제들에 대해 토론할 수 있는 공간을 만드는 것이다. 그런 공간을 하버마스는 공론장이라고 불렀다.

대화를 통해 현실을 바꿀 수 있을까?

마르크스는 자본가 계급과 노동자 계급 간의 갈등은 결코 서로 간의 이해나 합의에 의해서 해결될 수 있는 갈등이 아니라고 보았다. 자본주의의 구조가 한 쪽이 이익을 보면 다른 한 쪽은 반드시 손해를 볼 수밖에 없는 구조라고 이해했기 때문이다. 그래서 그는 인류의 역사가 다음 단계로 넘어가기 위해서는 반드시 프롤레타리아 혁명이 필요하다고 생각했다.

프롤레타리아 혁명*은 실제로 여러 나라에서 일어났고, 사회주의가 실험되었지만 인류가 얻은 것은 엄청난 인명 피해와 아직은 자본주의를 대신할 사회 모델을 만들어 낼 수 있는 역사 발전의 단계가 아니라는 씁쓸한 교훈이다.

* **프롤레타리아 혁명** 무산 계급이 주체가 되어 모든 자본주의적 관계를 철폐하고 사회주의 사회를 건설하기 위해 일으킨 혁명. 러시아의 시월 혁명이 대표적 사례이다.

인간이 진정한 자유와 평등을 실현하기 위해서는 아직 갈 길이 먼 것이 사실이다. 정치적인 지배의 수단이 되어 버린 과학 기술의 합리성이나 매스컴에 의해 이루어지는 여론 조작의 경우를 생각해 보면 우리는 아직도 진정한 민주주의 사회에 살고 있다고 말하기 힘들다. 사람이 사람을 억압하고 착취하는 사회를 바꾸어 나가기 위해서는 다양한 실천이 필요할 것이다.

　하버마스는 참된 민주주의 사회를 만들어 나가는 데 있어서 가장 필요한 것이 대화라고 생각하는 듯하다. 그는 누구보다도 말의 힘을 믿고 있는 것으로 보인다. 사람들이 서로 진지하게 논의하고 지속적으로 대화를 해 나간다면 분명히 무엇이 진정으로 옳은 것인지 밝혀질 것이고, 그렇게 되면 사람들 사이의 갈등과 대립도 해결될 것이라고 생각하는 것이다. 그가 사람들의 의사소통 행위에 관한 어려운 이론에 매달리는 것도 모든 사람이 받아들일 수밖에 없는 진리가 있다는 것이 입증되면 현실적인 갈등이 해소될 것이라고 믿기 때문이다.

　그런데 이런 생각은 너무 세상을 낙관적으로 보는 것은 아닐까? 이 세상은 하버마스가 생각하듯이 그렇게 합리적이고 양심적인 사람들만 사는 곳이 아니다. 때때로 사람들은 스스로 옳지 않다고 생각하는 신념을 위해서도 목숨을 거는 행위를 하곤 한다. 처음부터 대화 자체가 불가능한 사람들도 많다.

이렇게 이 세상을 의심스러운 눈으로 보게 되면, 도대체 철학자들이 책을 통해서 이론적으로 진리에 대해 말하는 것 자체가 현실을 변화시키는 데 얼마나 도움이 될 것인가 하는 매우 비관적인 생각까지도 하게 된다. 우리가 다음에 살펴볼 로티는 아예 사회를 바꾸고자 한다면 이론을 버리라고 말한다. 마지막으로 그의 입장을 살펴보자.

6
철학이 세상을 바꿀 수 있을까?

- 모든 사람이 받아들일 수 있는 진리가 있을까?
- 바람직한 사회의 조건을 이론적으로 밝힐 수 있을까?
- 시인은 세상을 바꿀 수 있을까?
- 사회 철학자들의 이론을 어떻게 보아야 할까?

모든 사람이 받아들일 수 있는 진리가 있을까?

하버마스의 보편화용론은 모든 사람들이 참이라고 인정할 수 있는 진리를 우리의 말 속에 찾아내는 방법으로 제안된 것이다. 이것은 바람직한 사회의 모델을 우리가 알 수 있으며, 따라서 사회를 바꾸어 나가기 위해서는 이론적인 연구가 중요하다는 생각을 전제하고 있다.

그렇지만 이런 생각은 현실적으로 입증하기가 매우 힘들다. 하버마스도 인정했지만 우리가 세계를 바라볼 때 우리가 보는 것은 우리가 가진 관심에 의해서 좌우된다. 하버마스는 그래도 우리는 우리가 본 것을 넘어서 거기에 실제로 무엇이 있었는지를 나중에라도 알아낼 수가 있다고 생각한다. 이런 생각을 하는 것으로 미루어 볼 때 하버마스는 계몽주의적인 관점을 어느 정도는 그대로 이어받고 있다고 할 수 있다.

우리가 보고 느끼는 것이 그때그때의 상황에 따라서 좌우된다고 보는 관점을 흔히 맥락주의라고 하는데, 이런 관점은 하버마스와 논쟁을 벌인 적이 있는 독일의 유명한 철학자 가다머(Hans-Georg Gadamer, 1900~2002)에 의해서 주장되었다. 가다머는 우리가 무엇을 이해하고자 할 때 결코 우리의 선입견에서 벗어나서 그것을 이해할 수 있는 방법은 없다고 생각했다.

예를 들어, 우리는 일본 사람들에 대해 키가 작다거나, 지나치게 예의 바르다거나, 약삭빠르다거나 하는 선입견을 가지고 있다. 그러나 막상 일본에 가 보면, 키가 큰 사람들이 많고, 가끔 지하철에서 다른 사람 일에 참견하는 경우도 볼 수 있으며, 자기 잇속을 챙기기 보다는 약속을 지키려고 노력하는 사람들이 많다는 것을 경험하게 된다. 이것은 우리의 선입견이 틀린 것을 경험하게 되는 사례라고 할 수 있지만, 그렇다고 해서 우리가 가졌던 선입견이 불필요한 것이었다는 것을 말해 주지는 않는다. 오히려 우리는 그런 식의 선입견을 가지고 있었기 때문에 일본 사람들이 이러저러한 사람들이라고 우리 나름대로 이해한 것을 말할 수 있게 되는 것이다. 선입견은 이해의 방해물이 아니라 오히려 이해를 위한 조건이며, 모든 이해는 그 사람이 어떤 선입견을 가지고 있느냐에 따라 다를 수밖에 없다는 것이 가다머의 생각이다. 가다머의 입장에서는 그래서 하버마스가 모든 사람들이 합의할 수 있다고 생각되는 진리를 발견했다고 주장하더라도 그것은 하버마스의 개인적인 생각일 뿐이라고 비판했다.

하버마스는 가다머의 이런 주장이 설득력을 가질 수 있는 것도 역시 우리의 언어 속에는 무엇이 옳고 그른지를 가릴 수 있는 합리적인 근거가 처음부터 존재했기 때문이라고 응답한다.

이들의 논쟁을 여기서 길게 살펴볼 수는 없지만, 두 사람의 논쟁에서 우리는 한 가지 질문을 이끌어 낼 수 있을 것이다. 그것은 모든 사람들이 합의할 수 있는 보편적인 진리에 입각해서 바람직한 사회 구성의 원리를 만들어 내는 일이 가능한가 하는 물음이다. 만약 그런 일이 가능하다면 사회 철학자들은 인류의 미래를 위해서 대단히 중요한 과제를 떠맡고 있는 셈이다. 만약 그런 일이 불가능하다면 바람직한 사회를 만들기 위해서 해야 할 우선적인 일이 무엇인지 다시 생각해 보아야 할 것이다.

바람직한 사회의 조건을 이론적으로 밝힐 수 있을까?

마르크스는 기존의 모든 철학이 세계를 해석하는 데에만 매달려 온 것을 비판하고 철학은 세계를 변혁시켜야 한다고 주장한 적이 있다. 마르크스에게 있어서 이론이란 그 자체로서 사회를 바꾸는 실천의 한 영역이었다. 올바른 실천이 무엇인지 가르쳐 줄 수 있는 이론을 만들어 내는 것이 마르크스가 생각한 진정한 철학자의 과제이다.

하버마스도 어느 정도 이런 생각을 하고 있지만, 이런 생각은 철학자가 사회의 본질을 꿰뚫어 볼 수 있는 통찰력을 가지고 있을 때 가능하다. 그리고 그 전에 사회나 세계는 어떤 궁극적인 원리에 따라 움직인다고 가정해야 한다.

리처드 로티(Richard Rotty, 1931~2007)는 우리가 사는 사회를 움직이는 궁극적인 원리라든가 사회 구성원 모두가 합의할 수 있는 보편적인 진리 같은 것이 존재한다고 생각하지 않았다. 로티는 그런 생각이 진리에 관한 낡은 형이상학을 가정하고 있는 것이며, 그런 진리가 존재한다고 믿어야 할 어떤 근거도 없다고 주장한다.

미국의 프래그머티스트*인 듀이와 제임스를 계승하는 로티의 철학적 입장은 한 마디로 '반표상주의'라고 할 수 있다. 반표상주의란 기본적으로 인간이 객관적인 세계의 진리를 알 수 있는 능력을 가진 특별한 존재라는 주장을 부정하는 입장이다. 철학사에 등장하는 많은 철학자들은 대부분 인간이 동물과 다른 이유를 진리를 알 수 있는 이성을 가지고 있다는 데서 찾고 있다. 이성은 진리를 표상하는 능력이다. 진리는 언제나 참이라고 말할 수 있는 어떤 것을 뜻한다. 그래서 진리는 영원하고 불변적이며, 필연적인 것으로 여겨진다. 우리의 이성이 이런 진리를 알 수 있는 능력이라고 생각하는 입장이 곧 표상주의이며 로티는 이런 생각에 반대하고 있는 것이다.

대표적인 표상주의자인 플라톤은 우리가 사는 세계가 거짓된 허상의 세계이고 피안(彼岸)의 세계인 이데아의 세계가 참된 세계라고 주장했다. 진리는 절대적이고, 영원하며, 필연적이고, 본질적인 것인 반면, 우연적이고 덧없는 이 세상의 것들은 언젠가는 없어지고 말 것이기 때문에 진리가 아니다. 플라톤이 진리가 영원하고 변하지 않는 것이라고 주장한 본질

---

* 프래그머티즘(pragmatism)은 흔히 실용주의라고 번역되는 미국의 철학으로, 우리가 어떤 개념이 참이라고 말하는 것은 그 개념을 다양한 실험이나 실천의 맥락에 적용시켰을 때 나오는 결과라고 보는 진리관을 포함한다. 프래그머티즘은 다윈의 자연주의적 관점에서 인간을 설명하려고 했다.

주의자라면, 로티는 이 세상에 영원한 것은 없으며, 모든 가치는 시대마다 변한다고 보는 반본질주의자이다.

로티의 반표상주의가 부정하고자 하는 것은 우리 중의 누군가가 또는 우리가 가진 어떤 능력이 진리에 접근해 들어갈 수 있는 특권을 부여받고 있다는 생각이다. 그는 우리가 가진 지식의 참과 거짓을 구분해 줄 기준이 우리의 언어적, 사회적 실천 바깥에 있다고 생각하지 않는다. 우리의 지식이 참인 지식으로 정당화되어 가는 과정은 철저히 사회적이고 역사적인 과정이다. 우리의 이성이 그와 같은 사회적 과정과 별개로 대상의 본질에 접근해 들어갈 방법은 없다.

많은 철학자들은 인간이 진리를 알 수 있는 타고난 능력이 있다고 보았다. 이것은 인간과 동물이 본질적으로 다르다고 보는 것으로서, 인간을 신의 특별한 피조물로 간주하는 것이다. 그러나 다윈의 진화론에 영향을 받은 프래그머티스트들은 인간의 이성이라는 것이 신에 의해 부여된 특별한 선물이 아니라 자연적인 진화의 산물이라고 생각한다. 말하자면 이성이란 진리를 발견하는 능력이 아니라 환경에 적응하기 위한 도구라는 것이다. 이렇게 보면 이성을 근거로 해서 인간에게 어떤 특별한 능력이나 고유한 본질이 있다고 생각한 관점들은 모두 그럴듯하지 않은 것이 된다.

인간이 의사소통을 할 때 사용하는 언어도 마찬가지이다. 많은 철학자들은 언어를 통해 인간이 생각을 하고, 세계에 관한 진리를 말한다는 점에서 언어는 세계의 본질을 반영하는 것이라고 생각했다. 그러나 언어도 인간이 환경에 적응해 나가는 가운데 만들어진 것이다. 언어의 의미도 처음부터 고정되어 있는 것이 아니라 사회적인 맥락에 따라서 달라진다.

우리는 사춘기에 접어들면 '나는 누구인가'라는 자기 자신에 대한 철학적인 물음을 던지게 된다. 흔히 교과서에는 독서나 사회적인 활동을 통해 '자아 발견'에 힘써야 한다는 구절이 나오지만, 프래그머티스트가 볼 때 그런 식으로 발견되어야 할 '나'란 존재하지 않는다. 내가 누구인가 하는 것은 내가 어떤 책을 읽고, 어떤 일을 하고, 어떤 습관을 갖느냐에 따라서 정해지는 것이지, 처음부터 나의 본질 같은 것이 존재하는 것은 아니다. 이것은 곧 '나'라고 하는 존재는 우연적인 존재라는 것을 뜻한다. 우연적인 존재란 있어도 되고 없어도 되는 존재라는 것이다. 이것은 기독교에서 보는 관점과 정반대의 관점이다. 기독교에서는 나는 신의 섭리를 이루기 위해서 살아야 하는 필연적인 존재이다. 그러나 우연적인 존재라는 것은 그렇게 미리 정해진 삶의 목적이나 이유 같은 것이 없는 존재이다. 그렇다고 해서 로티가 인생이 허무하다고 말하고 있는 것은 아니다. 오히려 '나'는 그렇게 미리 정해져 있는 것이 없는 존재이기 때문에 자신의 삶에 대해 더 책임을 느끼고, 스스로 의미를 부여하면서 살아야 하는 것이다.

이런 관점은 우리의 사회에 대해서도 마찬가지로 적용된다. 인간의 사회도 우연적으로 이루어진 것이다. 이것은 정의로운 사회, 그 사회의 사람들이 모두 자유롭고 평등하게 살 수 있는 사회의 조건이 처음부터 정해져 있지 않다는 것이다. 인간의 사회는 어떤 원리에 입각해서 세워진 것이 아니다. 오늘날 가장 살기 좋은 사회라고 부러움을 사는 북유럽의 부유한 나라들도 하루아침에 어떤 원리에 입각해서 그런 사회를 만든 것은 아니다. 그들은 역사적으로 여러 가지 제도를 실험해 보고 시행착오를 겪으면서 오늘날의 사회를 만든 것이다. 따라서 사회 구성원이 모두 합의할 수 있는 보편적인 진리를 발견해서 그것에 입각해 바람직한 사회의 모델을 만들겠다는 것은 그런 현실을 무시하는 것이다.

인간 사회에서는 다양한 집단들이 서로 다른 이해관계 때문에 끊임없이 대립하고 갈등을 겪는다. 그들의 갈등을 조정하고 모두가 합의할 수 있는 원리를 도출해 내기란 쉽지 않으며 어쩌면 불가능할 지도 모른다. 로티는 그런 원리를 도출해 내기 위해 이론적으로 연구하기 보다는 다양한 제안들을 현실적으로 실천해 보는 일이 더 중요하다고 생각한다. 무엇이 옳은 방안인지는 그런 실천을 통해서 나중에 드러나는 것이지 머릿속으로 생각해서 알 수 있는 문제가 아니라고 보기 때문이다.

 따라서 로티의 관점에서는 정의로운 사회의 원리에 대해 탐구하는 철학적인 작업은 현실적으로 크게 의미가 없다. 오히려 현실의 갈등과 문제를 해결할 실천적인 대안을 제시하는 것이 더 중요하다. 로티는 이론적인 철학이 세상을 바꾸는 것이 아니라 구체적인 실천이 세상을 바꾼다고 보는 것이다.

시인은 세상을 바꿀 수 있을까?

 영원불변의 진리를 부정하는 로티는 그렇다면 이 세상에 참된 것이라고 할 만한 것이 하나도 없다는 주장을 하고 있는 것일까? 그렇지는 않다. 로티는 전통적인 철학자들이 영원히 변하지 않는다고 생각했던 진리라는 철학적 개념을 부정하는 것이지, 우리가 일상생활 속에서 말하는 참된 것들을 부정하고 있는 것이 아니다. 예를 들어 우리는 정치인들 가운데 누가 참된 말을 하고 있고 누가 거짓말을 하고 있는지 분간할 수 있다. 또 과학자들은 어떤 것이 과학적으로 참된 지식인지 밝혀내기 위해 실험과 관찰에 몰두한다. 그런 상황에서 우리는 얼마든지 참된 것에 대해 말할 수 있다. 로티가 부정하고자 하는 것은 그런 구체적인 상황을 떠나서 언제 어디서나 참된 것이라고 주장할 수 있는 추상적인 개념으로서의 진리이다.

구체적이고 현실적인 상황 속에서는 우리가 참된 것이라고 믿는 것들이 언젠가는 참이 아닌 것으로 밝혀질 수도 있다. 언제나 틀릴 수 있다는 가능성을 열어 두면서 자신이 옳다고 믿는 것을 주장하는 인물을 로티는 아이러니스트(ironist)라고 부르고 있다.

로티가 말하는 아이러니스트는 남들이 무엇을 옳다고 여기건 간에 자기만의 독창적인 관점을 중시하는 인물이다. 자신이 궁극적으로 참이라고 믿고 있는 것이 틀릴 수도 있다고 생각하는 아이러니스트는 끊임없이 새로움을 추구하면서 자신만의 어휘를 통해 자기 자신을 표현하려고 노력한다. 이런 아이러니스트의 전형을 우리는 과학자에게서 보다는 시인에게서 찾을 수가 있다.

로티는 독창적인 생각을 추구하는 아이러니스트의 시도가 철저하게 그 자신의 개인적인 차원에서만 이루어져야 한다고 생각한다. 그렇지 않을 경우 아이러니스트의 노력은 다른 사람을 불편하게 하거나 무시하는 결과를 가져올 수도 있다. 최악의 경우에는 다른 사람의 자유로운 생각을 방해함으로써 그 사람의 자율성을 해칠 수도 있다.

로티는 공적인 영역과 사적인 영역을 구분하고, 실천적인 사회 정의의 문제는 공적인 것이고 이론적인 진리의 문제를 다루는 일은 개인적이고 사적인 영역의 문제라고 보고 있다. 진리와 정의의 영역이 뒤섞일 때 전체주의가 등장할 수 있는 위험한 상황이 벌어질 수 있다고 로티는 생각한다. 예를 들어 조지 오웰의 『1984년』 같은 소설을 보면, 빅브라더가 지배하는 그 사회에서는 무엇이 옳고 그른 것인지가 이미 정해져 있기 때문에 그런 물음을 갖는 것조차 범죄로 간주된다. 주인공은 심한 고문을 당함으로써 '2더하기 2는 4'라는 것이 참이라는 것을 부정한다. 자신이 당연하게 옳다고 믿는 것마저도 옳지 않은 것이라고 인정해 버림으로써 자신이 진정으로 무엇이 옳다고 믿고 있는지조차 판단할 수 없는 상황에 빠지게 된 것이다. "진리란 이런 것이다."라고 다른 사람에게 강요하는 것은 그 사람의 인격을 철저히 파괴하는 것이 될 수 있다는 것을 이 소설은 보여 주고 있다.

우리가 이론적으로 궁극적인 진리에 관한 합의에 도달할 수 없는 상황에 놓여 있다면, 사회적인 정의를 실현해 나가는 문제를 진리에 관한 합의의 문제에서부터 풀어 나가서는 안 될 것이다. 로티는 사회를 더 나은 방향으로 나아가게 할 수 있는 계몽적인 매체로서 철학 논문보다는 민속지, 만화, 드라마, 영화, 소설, 시 등이 훨씬 큰 역할을 할 수 있다고 생각한다.

  한 사회를 더 나은 방향으로 만들어 가기 위해 중요한 것은 철학적인 진리를 주장하는 것보다는, 현실적으로 고통받는 사람들의 고통을 덜어 주기 위한 실천적인 제안이다. 그런데 이런 일을 하기 위해서는 누군가가 어떤 사람이 어떤 고통을 받고 있는지를 알려야 한다. 로티는 이런 일을 잘 해낼 수 있는 사람들이 문학적인 작업을 하는 사람들이라고 생각한다. 자신의 고통을 말로 표현할 수 없는 사람들을 대신해서 그것을 언어로 풀어 주는 일, 이것이 시인이나 소설가가 할 수 있는 사회적 역할이다. 절대 불변의 철학적 진리를 추구했던 전통적인 체계적 철학에 대해서 우리는 오늘날 별로 큰 역할을 기대할 수 없다.

  로티는 모든 사람들이 자유롭게 나름의 진리를 추구할 수 있는 개인적인 영역을 보장받으면서 동시에 사회적인 고통과 잔인성이 감소되어 나가는 사회에서 살게 되기를 희망한다. 그런 사회를 만들기 위해서 로티는 우리의 문화가 문학을 중심으로 바뀌어야 한다고 생각한다. 그런 '문학적인 문화' 속에서 사적인 자아 창조의 모범을 보이는 인물은 바로 시인이 될 것이다. 그리고 사회 정의를 실현해 나가는 인물은 실천적인 사회 개혁가나 혁명가가 될 것이다. 시인이 그런 역할을 맡는다면 가장 이상적일 것이다.

로티는 공적인 영역에서 실천을 통해 더 좋은 사회를 만들기 위해 노력하는 일이 개인적인 완성을 위해 노력하는 일보다 더 중요하다고 생각한다. 로티가 생각하는 실천적인 과제는 사회를 민주주의적으로 만들어 나가는 일이다. 로티는 「철학에 대한 민주주의의 우위」라는 논문을 쓸 정도로 이런 공적인 과제의 중요성을 역설하고 있다.

민주주의 사회를 만들기 위한 실천적인 과제는, 이론적인 진리를 탐구하는 작업과는 어떤 연관성을 갖는 것일까? 로티에 따르면 거기에는 아무런 관련성이 없다. 곧 민주주의라는 과제는 이론적으로 정당화되어야 할 문제가 아니라 실천적으로 더 나은 결과를 낳아야 하는 문제라는 것이다. 왜 민주주의를 위해 연대해야 하는가 하는 물음에 대한 로티의 대답은 '잔인한 일들을 멈추게 하기 위해서'라는 것이다. 이것은 민주주의적인 실천을 해야 하는 이유에 대해 로티가 제시할 수 있는 최종적인 주장이다. 로티는 자신을 포함해서 이론적인 작업을 하는 사람들(로티가 말하는 아이러니스트들)은 모두 나름대로의 '마지막 어휘'들을 가지고 있다고 말한다. 그것은 곧 자신의 주장을 정당화할 수 있는 가장 근본적인 이유를 설명해 주는 단어들을 뜻한다. 로티가 생각하는 잔인한 일들이란 돈을 위해서 사람을 착취하거나 심지어 죽이는 일, 정치적인 입장이 다르다는 이유로 고문을 하거나 오랜 세월 감옥에 가두는 일, 열심히 일을 해도 가난에서 벗어날 수 없는 상황, 돈이 없어서 교육을 제대로 받지 못하거나 질병을 치료받지 못하는 것 등등이 모두 포함된다. 왜 그런 것들을 없애기 위해서 노력해야 하느냐고 질문하는 것은 로티의 입장에서는 제정신을 가진 사람이 던질 수 있는 질문이 아니다.

로티는 절대적이고 보편적인 진리의 존재를 부정한 나머지 공적인 영역과 사적인 영역, 실천과 이론, 자아 창조와 연대의 문제를 분리시키고 있지만, 이 두 가지가 서로 충돌하는 일 없이 병렬적으로 조화롭게 진행될 수 있다고 믿고 있다. 로티가 새로운 문학적 문화의 영웅으로 삼고자 하는 인물은 그와 같은 일들을 동시에 잘 수행할 수 있는 자유주의 아이러니스트(liberal ironist)이다.

참신한 단어를 찾는 시인들은 타자에게 영향을 줄 수 있는 공적인 파워가 없다. 그것은 어찌 보면 다행한 일이기도 하다. 만약에 누군가가 강력한 파워를 배경으로 자신의 생각을 강요한다면 그것은 그야말로 잔인한 일이 될 것이다. 민주주의 사회는 그렇게 힘이 없는 시인들도 큰 걱정 없이 살 수 있는 사회를 말한다.

그런데 사회적인 악을 비판하고 도덕적으로 올바른 실천적 대안을 제시하기 위해서는 사람들의 주관적인 생각을 넘어설 수 있는 어떤 우월한 근거를 가진 관점이 필요한 것은 아닐까? 그 누구도 보편적인 진리에 대해서 말할 수 없다면 나치나 세르비아 민병대에 의해서 저질러진 범죄를 어떻게 비판할 수 있을까?

로티는 그런 비판을 위해서는 역사적인 근거만으로도 충분하다고 생각한다. 나치가 저지른 일이 인류가 다시는 범해서는 안 되는 범죄라고 생각할 수 있는 이유는 그들이 인간의 보편적인 도덕성에 반하는 일을 저질러서라기보다는 수많은 사람들을 고통에 빠뜨렸기 때문이다. 로티는 인류가 도덕적 진보를 말하기 위해서 보편적인 진리 같은 것을 상정할 필요는 없다고 생각한다. 오히려 인류에게 필요한 것은 현실적으로 고통받고 있는 사람들의 고통을 공감하고 그런 상황을 없애 나가기 위한 새로운 사회의 모델을 상상할 수 있는 상상력이다.

여기서 로티가 말하는 상상력은 자신의 정체성을 새롭게

구성하는 것과 관련이 되어 있다. 로티는 "자신이 도덕적이어야 하는지를 의심하는 사람은 이미 자신의 새로운 정체성을 꿰맞추는 과정에 있다."*고 말한다. 이 말은 기존의 도덕적 관습이 자신이 옳다고 믿는 것과 충돌할 경우, 자신의 지금까지의 삶이 잘못된 생각에 의해 이끌려 왔다는 것을 인정해야 할지도 모른다는 위험을 감수하면서 새로운 정체성을 구성해 나가는 사람에 의해 새로운 도덕적 규범이 만들어질 수 있다는 이야기이다.

예를 들어 마크 트웨인의 소설 주인공인 허클베리 핀은 노예인 짐을 탈출시키면서 심리적인 갈등을 겪는다. 그는 기존의 도덕규범에 의하면 노예인 짐을 다시 노예 상태로 되돌아가게 했어야 했지만, 짐을 노예로서 보다는 친구로 생각했기 때문에 자신이 기존의 공동체로부터 배척당할 수도 있다는 위험을 감수하고 그의 탈출을 도운 것이다. 허클베리 핀은 이렇게 해서 노예는 공통의 인권을 가진 인간이 아니라는 낡은 생각을 버리고 흑인 노예 역시 친구이자 동료로 삼을 수 있다

---

* 리처드 로티, 「칸트와 듀이 사이에 갇힌 도덕 철학의 현 상황」, 『구원적 진리, 문학 문화, 그리고 도덕 철학(2001 봄 석학연속강좌 특별강연집)』(2001, 한국학술협의회), 99쪽.

는 새로운 깨달음을 얻게 된다. 이렇게 보면 도덕적 진보란 차가운 이성에 대한 지식을 갖춘 도덕적 인격자에 의해서보다는 우리가 당연하게 여기고 있는 관습적 도덕에서 벗어날 수 있는 상상력을 갖춘 인물에 의해서 이루어질 수 있는 가능성이 높다는 것이 로티의 생각이다.

사회 철학자들의 이론을 어떻게 보아야 할까?

우리는 이 책을 시작할 때 자유롭고 평등한 세상을 꿈꾸는 철학자들의 고민이 담긴 것이 사회 철학이라는 말을 했다. 다들 사회를 바라보는 관점이 다르고 사회의 문제를 풀어 나가는 방법이 다르긴 하지만, 그들의 관심은 서로 비슷하다. 그들은 모두 어떻게 하면 현재의 사회보다 더 나은 사회를 만들 수 있겠는가 하는 데 관심을 가지고 있다.

홉스가 강력한 정부를 요청한 것, 로크가 소유에 대한 개인의 권리를 강조한 것, 롤스가 격차 원리를 통해 공정한 재분배의 방안을 생각한 것, 노직이 국가의 역할을 최소화해야 한다고 말한 것, 마르크스가 생산 수단의 사적인 소유를 없애야 한다고 주장한 것, 하버마스가 시민이 참여하는 토론의 공간을 만들어야 한다고 생각한 것, 그리고 로티가 문학적인 문화가 앞으로 지배적인 문화 형태가 되어야 한다고 한 것은 모두 자유롭고 평등한 인간의 삶을 위한 나름대로의 대안이라고 할 수 있다.

로티의 주장을 포함해서 우리가 여기서 살펴본 철학자들의 관점은 사실은 하나의 사회 철학적인 이론이다. 이런 이론들을 살펴보는 의미는 어디에 있을까? 로티는 원칙에 대한 합의를 이끌어 내기 위한 이론적인 논의는 사회를 바꾸는 데 큰 역할을 하지 못하며, 구체적인 실천적 대안을 제시하는 것이 중요하다고 생각했다. 말하자면 그는 이론적인 진리 탐구의 작업과 실천적인 사회적 참여의 문제는 서로 직접적으로 연결되어 있지 않다고 본 것이다. 그렇다면 우리가 이 책에 등장하는 사상가들의 이론을 살펴보는 것 역시 별로 의미가 없는 작업이라고 해야 하는 것일까?

우리가 설사 로티의 입장을 따르더라도 우리의 이론적인 공부를 그렇게 폄하할 필요는 없다. 로티는 사회의 도덕적인 진보가 어떤 새로운 원리가 발견됨으로써 한꺼번에 이루어지는 것이 아니라고 보았다. 그것은 다른 사람의 고통을 자신의 고통으로 받아들일 수 있는 감수성이 예민한 사람들이 그런 고통을 없애기 위해서 자신이 그동안 당연한 것으로 받아들였던 상식적인 견해들에 대해 의문을 제기하고 상상력을 동원해 새로운 관점을 만들어 나갈 때 가능하다고 생각했다. 이런 관점에서 보면 철학자보다는 텔레비전 연속극의 대본을 쓰는 극작가나 청소년들이 보는 만화를 그리는 만화가, 대중적인 소설을 쓰는 소설가들의 역할이 훨씬 더 크다. 드라마, 소설, 만화, 영화 같은 매체들은 경쟁 사회에서 낙오되는 하층노동자나 빈민들, 가부장제적인 사회에서 억압받는 여성, 제3세계 국가의 착취당하는 어린이들, 사회에서 인정받지 못하는 동성애자들 같은 사람들의 고통을 알리는 데 있어서 철학논문보다는 효과적인 수단이기 때문이다. 그러나 그렇다고 하더라도 우리가 철학자들의 이론을 살펴보는 것은 의미 있는 작업이다. 왜냐하면 그 철학자들이 말하는 자유, 평등, 인권, 정의 등의 개념을 바탕으로 우리는 현실의 문제를 바라볼 수 있는 관점을 얻을 수 있기 때문이다.

로티가 말하듯이 이론적인 앎이 현실을 바꾸지는 못하겠지만, 그것은 실천적인 대안을 상상하는 데 필요한 하나의 요소가 될 수 있다. 앞으로 우리가 더 나은 사회를 만들기 위해서는 지금까지 아무도 생각해 보지 못한 것을 상상해 내야 할지도 모른다. 그러나 새로운 것은 언제나 지금까지 있었던 것을 바탕으로 해서 만들어지기 마련이다.

자유와 평등이 양립할 수 있는지, 모든 사람이 자유롭고 평등한 세상을 만들려면 어떻게 해야 하는지에 대해서 한 가지 대답을 제시하는 것은 이 책의 의도도 아니었지만, 그렇게 할 수도 없는 문제이다. 이 책을 읽은 독자들은 사상가들의 생각을 그저 골치 아픈 이론으로만 볼 것이 아니라, 우리가 만들어 가야 할 사회의 모습을 상상하기 위한 생각의 소재로 삼았으면 한다. 그런 태도를 가지고 앞으로도 이런저런 철학자들의 책을 읽는다면 그들의 이론과 우리 현실의 문제가 전혀 별개의 것이 아니라는 사실을 깨달을 수 있을 것이고, 그런 체험은 여러분의 중요한 지적인 재산이 될 것이다.

더 읽어 볼 책들

- 강유원, 『서구정치사상 고전읽기』(라티오, 2008).
- 맥퍼슨, 황경식·강유원 옮김, 『홉스와 로크의 사회 철학』(박영사, 2002).
- 문지영, 『홉스&로크』(김영사, 2007).
- 존 크리스먼, 실천철학연구회 옮김, 『사회정치철학』(한울, 2004).
- 윌 킴리카, 장동진 외 옮김, 『현대정치철학의 이해』(동명사, 2006).
- 카렌 레바크, 이유선 옮김, 『정의에 관한 6가지 이론』(크레파스, 2001).
- 존 롤스, 황경식 옮김, 『정의론』(이학사, 2003).
- 존 롤스, 장동진 옮김, 『정치적 자유주의』(동명사, 2003).
- 존 스튜어트 밀, 서병훈 옮김, 『공리주의』(책세상, 2007).
- 로버트 노직, 남경희 옮김, 『아나키에서 유토피아로』(문학과지성사, 2000).
- 프리드리히 하이에크, 김이석 옮김, 『노예의 길』(나남, 2006).
- 신일철, 『시장의 철학』(시사영어사, 2001).
- 칼 폴라니, 홍기빈 옮김, 『거대한 전환』(길, 2009).
- 강유원, 『공산당선언; 젊은 세대를 위한 마르크스 입문서』(뿌리와이파리, 2006).
- 존 스튜어트 밀, 김형철 옮김, 『자유론』(서광사, 1992).
- 조세희, 『난장이가 쏘아올린 작은 공』(문학과 지성사, 1992).
- 칼 마르크스, 강유원 옮김, 『경제학-철학 수고』(이론과 실천, 2006).
- 하상복, 『푸코&하버마스』(김영사, 2009).
- 위르겐 하버마스, 윤형식 옮김, 『진리와 정당화』(나남, 2008).
- 위르겐 하버마스, 한상진·박영도 옮김, 『사실성과 타당성』(나남, 2007).
- 리처드 로티, 『우연성 아이러니 연대성』(민음사, 1996).
- 리처드 로티, 『미국만들기』(동문선, 2003).
- 이유선, 『실용주의』(살림, 2008).
- 이유선, 『듀이&로티』(김영사, 2006).

민음 지식의 정원 철학편 001

사회 철학
자유롭고 평등한 사회는 가능한가?

1판 1쇄 펴냄 2009년 12월 18일
1판 6쇄 펴냄 2024년 9월 27일

지은이 | 이유선
발행인 | 박근섭
펴낸곳 | ㈜민음인

출판등록 | 2009. 10. 8 (제2009-000273호)
주소 | 135-887 서울 강남구 신사동 506 강남출판문화센터 5층
전화 | **영업부** 515-2000 **편집부** 3446-8774 **팩시밀리** 515-2007
홈페이지 | minumin.minumsa.com

도서 파본 등의 이유로 반송이 필요할 경우에는 구매처에서 교환하시고
출판사 교환이 필요할 경우에는 아래 주소로 반송 사유를 적어 도서와 함께 보내주세요.
135-887 서울 강남구 신사동 506 강남출판문화센터 6층 민음인 마케팅부

ⓒ이유선, 2009. Printed in Seoul, Korea
ISBN 978-89-94210-02-5 04100
     978-89-94210-01-8 (세트)

㈜민음인은 민음사 출판 그룹의 자회사입니다.